国家出版基金项目
NATIONAL PUBLICATION FOUNDATION

趙鳳喈◎著

中國婦女在法律上之地位

山西出版傳媒集團
山西人民出版社

圖書在版編目(CIP)數據

中國婦女在法律上之地位 / 趙鳳喈著. —太原:
山西人民出版社, 2014.12
(近代名家散佚學術著作叢刊 / 許嘉璐主編)
ISBN 978-7-203-08873-8

Ⅰ. ①中… Ⅱ. ①趙… Ⅲ. ①婦女地位—研究—
中國—民國 Ⅳ. ①D442.9

中國版本圖書館CIP數據核字(2014)第289761號

中國婦女在法律上之地位

主　　編　許嘉璐
著　　者　趙鳳喈
責任編輯　梁晉華
助理編輯　張　潔

出 版 者　山西出版傳媒集團·山西人民出版社
地　　址　太原市建設南路21號
郵　　編　030012
發行營銷　0351-4922220　4955996　4956039
　　　　　0351-4922127(傳真)　4956038(郵購)
E-mail　sxskcb@163.com　發行部
　　　　　sxskcb@126.com　總編室
網　　址　www.sxskcb.com

經 銷 者　山西出版傳媒集團·山西人民出版社
承 印 廠　山西出版傳媒集團·山西人民印刷有限責任公司

開　　本　700mm×970mm　1/16
印　　張　11.5
字　　數　85千字
印　　數　1—3000冊
版　　次　2014年12月　第1版
印　　次　2014年12月　第1次印刷
書　　號　ISBN 978-7-203-08873-8
定　　價　25.00圓

《近代名家散佚學術著作叢刊》編委會

出版説明

近代名家散佚學術著作叢刊選取一九四九年以後未再刊行之近代名家學術著作共一百二十册，編例如次：

一、本叢書遴選之著作在相關學術領域具有一定的代表性，在學術研究方向、方法上獨具特色。

二、爲避免重新排印時出錯，本叢書原本原貌影印出版。影印之底本皆經專家組審定，原書字體大小，排版格式均未做大的改變，原書之序言、附注皆予保留。

三、本叢書分爲八大類，以作者生卒年編次。

四、爲使叢書體例一致，本叢書前言後記均采用繁體字排版。

五、個别頁碼較少的版本，爲方便裝幀和閱讀，進行了合訂。

六、少數學術著作原書内容有個别破損之處，編者以不改變版本内容爲前提，部分進行修補，難以修復之處保留缺損原狀。

七、原版書中個别錯訛之處，皆照原樣影印，未做修改。

八、所選版本之抽印本頁碼標注，起始至所終頁碼均照原樣影印，未重新編排標注新頁碼。

由於叢書規模較大，不足之處，殷切期待方家指正。

總序／

披沙瀝金，以爲鏡鑒

◇許嘉璐

多年來有一個問題始終在我腦中盤桓：爲什麽在十九世紀末到二十世紀初，在短短的幾十年裏，中國的各個學術領域竟涌現了那麽多大師級的人物？這是中國近代史上一個極爲重要的現象，我認爲，如果不能給出令人滿意的答案，我們撰寫的近代學術史將是不完整的，甚至是缺乏靈魂的。後來我知道，著名人類學家克羅伯曾提出過一個問題：爲什麽天才成群地來？看來這種現象的出現並非中國所獨有，思考其所以然的也大有人在。而在那一次世紀之交中國的情况，似乎應驗了「天才成群地來」這個令克氏久久不解的疑問。錢學森先生曾從相反的方向提出了相同的疑問：爲什麽我們這個時代出現不了杰出人才？後來人們稱這個問題爲「錢學森之謎」。

要回答這些疑問不是件容易的事。與其迅速地囫圇地探尋，不如先多了解那些讓中國近代學術（應該包括人文科學和自然科學）史上閃耀着光輝的大師們的作品和自述，從而在腦海里盡量「復原」他們所處的環境和在那種環境下的心理路徑，從中或許可以得到一些啓示。

有一點是顯然的，這就是他們雖然都已遠離塵世而去，但是他們獨立思考的品性、求知治學的真誠、困厄窮愁中對節操的堅守，恐怕是他們共同的主觀因素，一直影響到現在，而且將會永遠留存下去。

就思想界、學術界而言，二十世紀上半葉是一個新説和舊説碰撞，中學和西學融匯的大時代。那時的學人極爲重視言行操守，同時具備現代知識分子的理想信念；他們的學術研究十分純淨，絶少功利因素；他們的視界開闊，以包容的心態和嚴謹的風格造就了成果的大氣與厚重。至於在客觀因素一面，他們實際是在用工業化時代的事實解說着太史公所說的名山之作「大抵聖賢發憤之所爲作」，困厄苦難使得他們「皆意有所鬱結」。這種鬱結，幾乎和個人的名利毫無牽涉，他們永遠不能釋懷的，是民族的存亡、國運的興衰、民衆的福禍和文脈的續斷。

那個時代也是近代歷史上最大規模的中西古今學術調適、創新的時期，學術方法上的交互滲透和融合、創新亦可謂「於斯爲盛」。斯時之學人是要在封閉的屋墻上鑿出窗子的勇士，是使人能够看看外部世界的第一批導夫先路者；或者可以說，他們是在「意有所鬱結」時「彷徨」和「吶喊」的「狂人」。

相對於那時的哲人們，後來者是幸運兒。現在的形勢是，近三十年來學界空前繁榮，衆多學科有了長足之進，其中很重要的一點是學界有了更新穎、更廣闊的國際視野，似乎接續上了百年前的學壇盛事。但細想，「古」與「今」還是有差別的。其异，主要不在於世界情勢、學術進展、工具改善這些客觀存在，而在於在廣泛吸收各國優長的同時，自身文化的主體性越來越受到重視，換言之，「拿來主義」已經延長了「拿來」的程序，加上了試用、甄別、篩選、吸收、融合、成長。就我孤陋所見，在當今地球上，面向所有異質文明，努力汲取我之所缺，其範圍之大和心態之切，似乎無出中國之右者。從這個角度說，我們已經超越了前輩。但是事情還有另外一面，學術，特別是人文學科，其職業化、「沙龍化」和功利性，以及隨之而來的浮躁病却嚴重了。從這個角度說，是不是我們已經後退得够可以的了？而這是不是我們這個時代出不了大師的原因之一呢？

民國學術界的特點之一是極爲注重對傳統的反省、批判與繼承。他們對傳統文化盡最大的努力進行整理和研究。一方面，由於戰亂頻仍，民不聊生，學者們擔起了讓中華文化薪火相傳的歷史責任；另一方面，他們要通過對中國傳統文化的整理、挖掘來重振民族自信心。這一時期對傳統文化進行整理的全面而深入是前所未有的，舉凡文字學、語言學、經濟學、法學、哲學、政治制度、書法繪畫、金石學……規模之宏大，研究之精微，令人嘆爲觀止。

民國學術推動了現代學科體系的建立。在對傳統文化整理和研究的基礎上，吸收西方的文化思想和理念，推動和建立了中國現代學科體系。例如，在對語言文字和音韻學成果進行整理、研究的基礎上開始着手規範之，建立了國語學；深入研究書法、國畫，將其融入了現代美術學科；在廢除舊有學制後逐步建立起小、中、大學較完整的科目和學科體系。

民國學術也改變了傳統學術方式，建立了新的研究範式。以現代科學考古爲發端，科研的實踐和成果使中國知識界真正認識到在實驗、比較基礎上的邏輯分析對學術研究的重要，推進了中國學術的一大演變。至於我們常説的打破士大夫傳統、走出書齋到田野鄉村和市民中進行調查研究、結束了經學時代、以歷史眼光檢視儒學和諸子等等，都是確立新學術範式的努力。這一轉變，也標誌着中國學術界脱胎换骨，全面進入了現代，爲此後的學術發展奠定了堅實的基礎。當然，西方啓蒙運動以來，在「現代性」和「現代化」裏潛伏着的缺陷和謬誤也傳到了中國，這些不能不在前哲的著作裏留下痕迹。這並不奇怪。類似的情況，古往今來孰能免之？猶如今天的我們，誰敢自稱我之所見就是永恒的真理？在這個問題上兩個時代所異者，或許就在昔時大家創立新説或譯註西學著作，往往是懷着對學術和前哲的敬畏而爲之，故而常常誤不在我；當今則往往出於對學問和他人的輕蔑，或以所研究的對象爲謀己的工具，因而難辭主觀之咎吧。翻閱他們的心血之作，這些復雜的狀况可以顯見，可以視之爲我們的一面鏡子。

滄海桑田，世事變幻，歷史的動盪和時代的遮蔽，使當年許多大師的一些極有價值的學術著作被棄於故紙堆中，不能不令人有遺珠之憾。爲此，山西人民出版社不惜以數年之艱辛，披沙瀝金，編輯出版這套近代名家散佚學術著作叢刊，凡一百二十册，計文學、史學、政治與法律、美學與文藝理論、民族風俗、宗教與哲學、經濟、語言文獻共八大類别。所選皆爲作者之純學術著作，無論是其見解、精神，抑或是其時代烙印，都是後輩學人可資借鑒的寶貴財富。他們出版這套叢書，意在讓世人不忘來程，知篳路藍縷之不易，爲民族文化的傳承再增薪木。

出版社的初衷，與我近年來所思所慮近似，故願略述淺見於書端，以與策劃者、編輯者和讀者共勉。

二〇一四年七月六日

改定於自安東回京途中

前言

◇王繼軍

一切歷史都是當代史，人類歷史具有延續性，現實之中包含着歷史的因素，割不斷的傳統深刻地影響着當代社會；歷史可以從當代的角度去發現和解讀，當代所面臨的現實問題，促使我們去追尋它形成的根源，去叩問前人的智慧，以資借鑒。在平静緩慢、綿延不絶的歷史長河中，總有那麽一些波瀾壯闊、起伏跌宕的時期，它們所孕育的巨大轉折價值和意義深深地影響着後來者。近代中國社會經歷了亘古未有的大變革。就經濟而言，傳統的自然經濟結構受到衝擊，資本主義因素的工商業在經濟體係中佔據越來越重要的地位；在政治上，帝制衰敗，共和肇興；在法律方面，傳統的法律典章再也不能够適應富强、民主、自由、科學的社會需要，西法東漸，勢不可擋；在文化和學術上，東西文化的碰撞、交流與融合，使得發現新資料、運用新方法、創造新範式、提出新思想成爲可能。中國近百年的歷史可以説是一個從傳統社會轉向現代社會的歷史。

開放的思想是人類理性挑戰愚昧的鋭器，自由的學術是世界邁向理想社會的階梯。一代學人以他們廣博的學識、獨立的品格、創造的思維、勤奮的勞動，推出燦若繁星而又堅實厚重的學術成果，爲時代提供智慧的啓迪和思想的指引，以一種獨特的方式積極參與到社會變革的偉大歷史進程來。學術的力量是長久和巨大的，學者的貢獻是不應該被忘記的。

本叢刊政治與法律部分，輯録了于佑虞、聞亦博、曾松友、宋希庠、楊德森、常乃悳、瞿同祖、王振先、熊理、朱章寶、蔡樞衡、趙鳳喈、陳顧遠、郭箴一等名家散佚的論著，其中涉及社會形態、政治制度的歷史與學説、中國古代的倉儲、糧政、勸農、海關、婚姻等制度、婦女問題以及中國法律之精神與法律現象變遷等諸多方面的重要論題。這些論著具有資料豐富、考證翔實和「思他人所未思，言他人之未言」的共同特徵，又在方法、結構、風格方面展現出摇曳多姿的形態。有的長於叙事，爬梳整理，去僞存真，娓娓道來；有的善於思辨，歸納演繹，比較剖析，鞭辟入裏；有的體大思精，在宏大的架構中闡説精妙的見解；有的以小見大，於細微處見精神。這些論著無疑成爲中國學術史上的瑰寶。

閲讀是一種交流，研習先輩學人的著作，就仿佛與杰出的心靈展開了一場穿越時空的對話；閲讀是一種沉思，浸潤於那些深邃的思想裏，使我們得以忘却外部的喧囂與繁華；閲讀是一種旅行，我們汲取歷史的滋養，再向更遠處出發。

是爲序。

作者簡介

趙鳳喈（一八九六年—一九六九年），字鳴岐，安徽和縣人。一九二七年前後于北京大學就讀研究生，後赴法國巴黎大學留學，獲法學碩士，歸國後曾任中央大學講師。其學術研究涉及民、刑、憲政諸領域，尤專注于民法之親屬家庭部分。

敍言

現在社會問題中，首要者爲勞工問題，次當爲婦女問題。環顧中國，勞工問題，已步歐西之後塵，澎湃湧起。社會上大多數人亦加以注意；而國家亦略謀處置之方。至婦女問題，雖不如勞工問題之嚴重；但一般學者亦知加以研究和討論。予以習法之故，每病中國法律關於婦女方面者，頗與近代社會之思想和環境，不相適合；輒欲加以論究而未果，『衣食於奔走』有以累之也。去歲十月，重來都門，見母校——北京大學——社會研究科目中，列有本題，——中國婦女在法律上之地位（過去與現在）——遂欣然參加研究，蓋企償宿願也。

惟本題係由中華教育文化基金董事會社會調查部，在北大所設社會研究獎金論文，其目的既在調查中國社會上以往及現在之情況，故研究時亦多注重此點。兼之關於本題以往之材料，除自唐代以後，有成文法典可稽外；餘多散見於各項典籍之中，搜集又頗費時日。因此本書之內容，多偏重於法制史方面，而於近世列國之立法例，殊欠比較之研究。閱本書者，可以之作討論婦女問題之參考，而不必以之當婦女問題之討論也。

此外個人研究本題時，先受雪艇王先生之指導，繼又就正於黼馨黃先生，及孟和陶先生，先生特爲附誌於此，以表謝忱。又本稿編成之後，多承同學樊弘先生代爲訂正，并深感謝。

一九二七年七月趙鳳喈敍於北京大學東齋

凡例

一、本書所徵引之事例，間有涉及唐虞夏商之世者。此種史料，僅占小部。雖無關乎本書之大體；唯古史渺茫，難盡憑信。今姑引之，以待吾國研究史學者之評斷焉。

一、本書中所稱唐律，宋律，明律，清律，（有時連稱唐宋明清律，）係指唐律疏議，宋刑統，明律集解附例，大清律例而言。至元代法律，有元刑法志及元典章二者，故於引用元律時，通常標明元刑法志或元典章，而罕稱元律。

一、本書研究之範圍，包括過去及現在之事實。僅就每一問題，詳究其起訖；惟第四章因特別情形，分編稍異。

一、中國民法法典，尚未頒布，所有草案，亦在修訂之中；故關於現時婦女在民法上之問題，只得就現行律，（參看第一章註8，）及大理院之判例與解釋例，而引論之。

一、本書中所論列之事實或制度，多於正文中或旁註內，注明該事實或制度之出處。至旁註之例，尚有係解釋正文或補充正文者。

中國婦女在法律上之地位目錄

第三章 爲人母之地位……九七

中國婦女在法律上之地位

緒論

吾人討論中國婦女在法律上之地位，首所當知者，卽爲中國往昔禮經上關於婦女之記載，後世奉之爲禮教者，如『三從』之說，『男女內外』之分是也。何謂『三從』？請觀下列禮經之記載：

禮記郊特牲：婦人，從人者也，幼從父兄，嫁從夫，夫死從子。

儀禮喪服傳曰：婦人有三從之義，無專用之道，故未嫁從父，既嫁從夫，夫死從子。

夫『三從』之說，既見於周代之禮經，則其發生於何時，雖不可考，要爲周代社會上一般通行之禮俗，似無容疑；孔子生於晚周之際，且引證其說曰：

女子順男子之教，而長其理者也；是故無專制之義，而有三從之道：幼從父兄，既嫁從夫，夫死從子。（孔子家語。）

可見『三從』之說，確通行於周代。其後如漢班固著白虎通，劉熙著釋名，無不引論斯說，而張大其詞；則社會上一般人奉之爲『天經地義，』自屬當然之結果。

中國古代，法律未備，女子既受『三從』說之束縛，幼年須服從父兄，長時服從丈夫，老年夫死，又須服從其子；如此以言，則女子可謂自出生以至於死亡，無日不立於服從之地位；其爲家庭所虐待，爲社會所蔑視，受種種不平等之待遇，皆『三從』說爲之厲階也。卽後代法律完成之時（指唐以後）法律上關於婦女之規定，亦無不受『三從』說之影響：試舉一例以明之，如夫背婦逃亡，向無處罰，且非達一定之年限（三年）不許其妻離異改嫁；若妻背夫逃亡，除加以處罰外，並令聽夫嫁賣。此無異將『旣嫁從夫』之禮教，變爲法律上强制之規定。其餘法律上類此之明文甚多，姑不縷述。

至『男女內外』之分，亦始於周代。茲仍將禮經上關於此之記載列下：

禮記內則云：男不言內，女不言外。內言不出，外言不入。道路，男子由右，女子由左。七年，男女不同席，不共食。夫婦爲宮室，辨內外，男子居外，女子居內，深宮固門，閽寺守之，男不入，女不出。

禮記典禮云：男女不雜坐，不同施枷，不同巾櫛，不親授。姑姊妹女子子，已嫁而反，兄弟弗與同席而坐，弗與同器而食。男女異長，陳註：各爲伯仲，示不相干雜之義也。

觀右列禮經之文，女子自七歲以上，無論在家或出外，均須與男子別離；且姊妹兄弟之間，亦各爲伯仲，無相干雜；卽夫婦之間，亦內外有別，可知當時男女內外之分別，界限極嚴。後世歷代君主均視之爲禮教，率民奉行，而人民亦無不遵從唯謹；卽迄現時，如『男女不雜坐』『男女異長』之意義，仍然存留。註一

男女既有內外之界限，則女子於家內以外之事，概不得過問。政治乃國家之大事，自不得與聞；卽一家中與外面日常往來交易之事，女子亦無權干涉。社會一般人呼妻爲『內助』或『主中饋』者，不過表示妻只能爲男子料理家內小事，兼充厨

註一　現時關於『男女不雜坐』一層，並不十分奉行，如各戲院中有男女分座，亦有男女不分座者，卽其顯例；唯『男女異長』已成一般之習慣：例如人有二男二女者，假定第一爲男，第二第三爲女，第四爲男，則其家中及外人均視第三女爲次女，第四男爲次男；蓋第三女在女輩中位居第二，第四男在男輩中亦位居第二也。

僕而已此爲女子在社會上不能與男子立於平等地位之最大原因。

復次中國古代，宗法註二盛行，敬宗尊祖之觀念大熾。家庭組織，以年輩最長之男子爲家長，而握一家之全權；關於繼承問題，則以上奉祖先之祭祀，下續男子之血統爲主要之目的，且以嫡長子爲繼承之先位，所謂宗祧繼承是也。因此女子在一家中，絕對無繼承權，卽後世財產繼承，女子仍不能與男子共同分析者，其理由亦在此：是爲女子不能與男子平權之第三原因。

以上所述各項男女不平等之原因，其根基遠樹於有周，其後歷代又加以培植。民國以來，雖屢見女權之運動，法制上亦略有改革；而根本之原則，卻未變更：此可於以下各章見之也。

註二　禮記大傳載：『別子爲祖，繼別爲宗（卽大宗，）繼禰者爲小宗，有百世不遷之宗（大宗，）有五世則遷之宗（小宗。）』卽宗法之制度也。設一諸侯有三子，長子承其爵位爲諸侯，餘二子則爲別子，各爲一家開宗之祖，其長子累世承繼，是爲大宗。如別子復有次子，則另立一宗，亦由次子之長子世世承繼，謂之繼禰，是爲小宗。

第一章　在室女之地位

凡女子在父母家，尙未適人者，皆本章所謂在室女也。其年齡之大小，是否許嫁，均非所計；故一家中之姑，姊，妹，女，與孫女等，皆在內焉。

中國之家族制度，古以宗法爲其特色，素重保持男系之血統，而每蔑視女子。故女子自出生以至於出嫁，其在家庭之地位，較諸其同輩之男子，多不相侔。此可於下述各端，略見一二。

（一）出生時之待遇　中國周代，女子出生時，所享家庭之待遇，卽與男子不同。如詩經小雅斯干篇云：

乃生男子，載寢之牀，載衣之裳，載弄之璋；其泣喤喤，朱芾斯皇，室家君王。

乃生女子，載寢之地，載衣之裼，載弄之瓦；無非無儀，唯酒食是議，無父母詒罹。

可見古代男女初生之時，一置之牀，一置之地，一弄之璋，一弄之瓦，其待遇卽不平等。唯此種不同之待遇，迄於何時廢止，雖無從考證；然降至後世家庭中對於女子，愈加奇視，可於溺女之事覘之。如北齊顏氏家訓治家篇云：

……世人多不舉女，賊行骨肉，豈當如此，而望福於天乎？吾有疏親家，饒妓媵，誕育將及，使遣婚豎守之，體有不安，窺聰倚戶，若生女者，輒持將去，母隨號泣，莫敢救之，使人不忍聞也。

觀此，則溺女之風，必甚行於南北朝，蓋士大夫家且不免，平民更可想見；南宋亂離，民間多不舉子，而況於女乎！註一 元代竟設溺女之禁，註二 必此風特甚也。明清律對此均無明文，僅大清會典載有相當之禁令，註三 而其效力亦微；故溺女之事，在現時尙爲民間所常見者。民國成立所頒布之暫行新刑律，無殺死嬰兒罪之規定，解釋

註一　馬端臨文獻通考戶口考：宋高宗八年尙書劉大中奏有云：愚民寧殺子而不願輸，生女者又多不舉。

註二　元刑法志戶婚門：諸生女溺死者，沒其家產之半。

註三　大清會典事例（卷七百五十三）收養孤老條：溺女相習成風，著令禁止。違者照律治罪。（康熙三十六年題准。）

上縱可謂殺死嬰兒（溺女包括在內），與殺死成人同罪；而究於民間溺女之惡習，毫不足以資禁止此亦缺陷也。

（二）成人之笄禮　古時女子之笄禮，與男子冠禮相同，均爲表示男女成人之儀式。茲僅將經傳中關於女子之笄禮一端者列下：

禮記內則：女子十有五年而笄。呂氏坤曰：笄，翟形，成人之飾也。

禮記曲禮：女子許嫁笄而字。註曰：許嫁則十五年而笄，未許嫁則二十而笄，亦成人之道也，故字之。

禮記雜記：女雖未許嫁，年二十而笄，禮之婦人執其禮。疏：十五許嫁而笄者，則主婦及女賓爲笄禮：主婦爲之著笄，女賓以醴禮之。未許嫁而笄者，則婦人禮之，無主婦女賓，不備儀也。

喪服小記：婦人笄而不爲殤。

春秋僖公九年公羊傳：婦人許嫁字而笄之，死則以成人之喪治之。

據右列傳記及註疏之文，吾人於女子之笄禮，可得下列三種結果：

（1）女子許嫁，則十五歲而行笄禮；如未許嫁，達二十歲時，亦須行笄禮。

（2）許嫁時所行之笄禮，其儀式較未許嫁所行者爲完備。

(3)但無論許嫁與否，女子一經行笄禮之後，卽須以成人待之。笄禮之起，當在商周之際，蓋禮記一書多雜記二代之制度故也惟杜佑通典(卷五十六女笄條)則以之爲周制。此禮迄於何時廢止？據秦蕙田所稱：『士庶女子笄禮，自宋書儀家禮而外，明世蓋無聞焉』(見秦氏五禮通考卷一百五十。)是其廢止當在元明之際；然現時此禮之意義，亦未盡泯滅也。註四

(三)長幼之名分　中國之禮教，素重視倫常，而『長幼有敍』卽『五倫』之一。故女子在家庭中之地位，雖較同輩之男子爲卑遜，而長幼之名分，仍然保持因此年長之女子(卽姊，)不特對於同輩年幼之女子(卽妹，)享有優越之待遇；且對於同輩年幼之男子(卽弟，)有時亦立於較優之地位，毫不受『男女異長』說

註四　秦蕙田謂：『今人家於女子年十三，則畜髮，謂之上頭：擇日行之，或拜見父母尊長，告於親黨。劉氏曰，「笄今簪也，」簪所以固冠，今世惟已嫁者乃得用之，似於禮意適合。』(均見五禮通考卷一百五十。)按現時民間童養媳之完婚有稱之爲「上頭」者，此雖與蕙田上頭說略異，而其用爲表示女子成人之語，亦含有古禮之意。蓋此所謂之「上頭，」形式上卽指女子用簪梳髮爲髻也。

之影響，此可於左列律文徵之：

漢律：毆兄姊者，完城旦論。（張鵬一漢律類纂。）

魏律：毆兄姊加至五歲刑，以明教化也。（晉書、刑法志引魏新律序。）

依上律文，漢魏之時，只對於弟妹毆兄姊者，定有處罰；而於兄姊毆弟妹者，則無明文，解釋上自當認爲不加處罰；如此則兄姊與弟妹，在社會上之地位，顯有不同。再就唐、宋、元、明、清諸代之法律考之，只元律專就弟毆兄爲片面之規定；註五 餘皆舉弟妹與兄姊並言之，且有相互之規定：

甲　弟妹毆傷兄姊：諸毆兄姊者，徒二年；傷者徒三年；折傷者流三千里；刀傷及折支，若瞎其一目者，絞；死者皆斬；詈者杖一百；……即過失傷者，各減本殺傷罪二等。（唐律鬭訟門毆傷兄姊條。宋律同。明清律毆期親尊長條略同。）

乙　兄姊毆傷弟妹：兄姊毆殺弟妹……徒三年；以刀及故殺者流二千里。過失殺者各勿論。（唐律鬭訟門毆兄姊條。宋律同。明清律毆期親尊長條略同。）

註五　元典章四十四刑部六：弟爲縱打傷親兄，決（九十七）；弟爲首，打傷親兄，決（一百七。）

從唐宋以來之律文觀之，兄姊較弟妹在社會上立於優越之地位，更益顯明。此不僅親兄姊與弟妹，有如是之關係，卽凡在服內（五服內之親屬）之本宗及外姻兄姊與弟妹亦復有之；註六 惟不若親兄姊與弟妹之甚耳。由此可見女子亦得享有長幼之名分，由來已久。民國元年所頒布之暫行新刑律，雖認殺尊親屬者，須加重處罰，（三一二條、三一四條；）但所謂尊親屬之範圍極狹（八二條，）兄姊不在其列。是此項傳統之長幼名分，及民國而斬絕矣。

以上所述之長幼名分固不以在室女之姊與弟妹爲限，卽出嫁者亦適用之，此似無庸贅敍者。

（四）禁止典雇　典雇女子之事，唐宋律均無明文。元刑法志戶婚門有如左之規定：

諸以女子典雇於人，及典雇人之女子者，並禁止之；若已典雇，願以婚嫁之禮爲妻妾者，聽之。

按右之律文所謂典雇，雖未明揭典雇爲妻妾之旨；然揆諸律意，似不得不作如

註六　參看唐宋律鬬訟門，毆緦麻兄姊條；明淸律毆大功以下尊親條。

是之解釋。明清律關於此之規定，甚爲明顯，明律婚姻門典雇妻女條：

凡將妻妾受財典雇與人爲妻妾者，杖八十，典雇女者杖六十。知而典娶者，各與同罪。

清律仍明之舊，及末年（光緒三十四年）修定刑律，亦僅改「杖」爲「罰」耳。註七民國成立，有所謂現行律者（婚姻門典雇妻女條）註八亦同清末之律文。

（五）在室女與繼承　此可就宗祧繼承，與財產繼承二者言之：

（A）宗祧繼承　中國古來，宗法盛行，只有宗祧繼承，而無財產繼承。所謂宗祧繼承者，既本於宗法而來，乃以上奉祖先之祭祀，下傳血統於永遠爲目的。故繼承

註七　清末修訂刑律：凡舊律笞一十至五十，改爲一等罰至五等罰；舊律杖六十至杖一百，改爲六等罰至十等罰。一等罰至五等罰，以五錢爲一等，自五錢起至二兩五錢止；六等罰至十等罰，以二兩五錢爲一等，自五兩起至十二兩止。

註八　所謂現行律者，即指前清末年所修訂之現行刑律，與民國國體及嗣後頒行之成文法無抵觸者，經大總統明令（元年三月十日臨時大總統令）及大理院判例（三年上字第三〇四號）認爲有效之民事部分也，以後仿此。

人不特以直系卑幼之男子爲限，且以嫡長子爲先位，女子絕對無繼承權。

（B）財產繼承　中古以降，宗法廢弛，關於繼承一端，除含有宗祧繼承之意義外，尚兼有財產繼承之觀念。唐宋元明暨清代法律關於財產之繼承，只承認嫡庶子男分析家財；註九 除嫁資外，女子未有明文規定。迨至民國，大理院判例亦僅認親女得酌分財產（三年上字六六九號判例）。此亦本於女子無宗祧繼承權之觀念而遂演成數千年之習慣也。唯戶絕（卽家無男子，並無同宗應繼者）之遺產，則自唐律以來，均認爲由女承受；惟其間法文之規定，或有不同耳。唐開成元年敕節文（見宋刑統戶婚律戶絕資產條准文）規定：

自今後，如百姓及諸色人死絕無男，空有女已出嫁者，令文合得資產。（其後大臣等奏請女出嫁者，三分給一分。）

註九　參看唐律疏議與宋刑統、戶婚門、卑幼私用財條疏議中所引之戶令；元典章十九、戶部五、家財門、諸子均分家財條；大明會典卷十九戶口門及大清律例、戶役門、卑幼私擅用財條。唯明（會典）淸律均有姦生子量與半分之規定，此亦諸子均分之例外情形也。

又唐大和五年敕節文（見宋刑統、戶婚門、死傷財物條准文）規定：

死商錢物，其死商有父母嫡妻及男，或親兄弟在室姊妹在室女親姪男見相隨者，便任受管財物；若……

……不相隨，……來收認，……責保訖，任分付。……

由上列兩種敕文觀之，一則出嫁女，可得絕戶資產；一則在室女可受管死亡者之錢物，則在室女之可承受絕戶遺產，毫無疑義。宋喪葬令規定：

諸身喪戶絕者，所有部曲……資財，並令近親轉易貨賣，將營葬事及量營功德之外，餘財並與女；無女均入以次近親，……若亡人在日有遺囑處分者，不用此令。（見宋刑統、戶婚門、戶絕資產條准文。）

於此可知宋時在室女，雖可承受絕戶資產，但非家產之全部，且父母得以遺囑剝奪或限制其承受權。元典章（戶部五家財門）則明認戶絕女可承繼。大明會典（卷十九戶口門）更有詳晰之規定：

凡戶絕財產，果無同宗應繼之者，所生親女承分，無女者入官。

於此可知女子承受絕戶財產權，至元明之際，遂益確定；清律因明之舊。（戶役門卑幼私擅用財條。）註十 民國成立，此項規定，仍存於現行律之中；大理院且有判例（四年上字一三一二號）明認親女對於絕產有爭訟權。

據上所述，女子之繼承權，若就宗祧繼承言之，則可謂絕對無之；若就財產繼承言之，則可謂有相對之權利，或可謂有附條件之權利也。

（六）姑姊妹與家財　中國之家族制度，一家財產，雖可視為一家共有之財產；而支配之權，則完全操之於家長，此與古時羅馬之家族情形相似。註十一而觀諸唐宋明清各代法律戶婚門別籍異財及私擅用財各條，此項情形亦甚明顯。故一家中之在室姑姊妹，及女子對家長權支配下之家財，當然有享用之權。茲所欲論者，卽於一家分析財產之時，姑姊妹女子等有無取得之權是也。關於此層，親女不得與親男均分財產，只於絕戶有承受之權，已如上述。姑姊妹之權利如何，可於左列律文徵之。

註十　前清於旗人無嗣者，給親女之家產有三分之一，五分之一，及家產半數之分別，視所繼人之親疏為定（會典）。

註十一　參看黃右昌羅馬法講義第五章第一節家父權之內容。

宋戶令：諸應分田宅者，及財物兄弟均分；其未娶妻者，別與聘財；姑姊妹在室者，減男聘財之半，……（宋刑統卑幼私用財條准文。）

依上律文觀之，宋時姑姊妹在室者，於分析家財時，其所應得者，僅等於未娶妻之男子聘財之半，其數亦微矣。唐大和八年勑節文（見宋刑統死商財物條）則許在室姊妹得死商財物三分之一。由此可知姑姊妹於分析家財時略有取得之權，即於戶絕之時，亦不能完全承受絕產。明清律對於此點，無明文規定；然實際上現時民間習慣，於分析家財，多酌給在室女及姑姊妹以財物，謂為妝奩費此於法雖無明文，而亦可認為習慣法矣。

（七）在室女坐罪之問題　中國古來刑罰，採威嚇主義，犯罪者不特罰及其身，亦且誅累其族，所謂族誅主義是也。族誅之制，蓋始於商之季世，後世屢除屢復，註

註十二　馬端臨文獻通考，刑考：紂無道，罪人以族；秦文公二十年法初有三族罪；漢蕭何定律，除連坐之罪；高后元年，詔除三族罪，妖言令；孝文元年陳收孥相生律令；（但其後新垣平謀為逆，復行三族之誅）東晉懷帝永嘉元年除三族刑；明帝太寧三年又復之，惟不及婦人耳。

十二　直逮前清之末（光緒三十四年，）修改刑律，始除緣坐之條也。

既行族誅之制，則一家中之父兄犯罪，其女或姊妹均不免於誅累。秦漢之世，不問女子許嫁或出嫁與否，均加誅戮。註十三 及魏正始中毋丘儉伏誅，始改令女出嫁者不坐；至許嫁女之不從坐或自晉代始，（均見第二章註8）亦未可知。唐宋明清律關於許嫁女不從坐均有明文（各該賊盜門謀反大逆條。）茲將歷代法律關於女子緣坐之條文，列後：

漢律犯大逆者，父母妻子，同產皆棄市。（程樹德漢律考卷三。）（按同產皆棄市，女子自不免。）

南北朝：梁律其謀反降叛大逆以上，皆斬。父子同產，男無少長皆棄市；母妻姊妹，及應從坐者，妻子女妾同補奚官為奴婢。（淺井虎夫著中國法典編纂沿革史引隋書刑法志卷二十五。）

隋律唯大逆謀反叛者，父子兄弟斬，家口沒官。（見前書。）

註十三　干寶晉紀：毋丘儉孫女適劉氏，以孕繫廷尉；女母荀為荀顗所表活，既免，辭詣廷尉，乞為官婢以贖女命。陳咸議曰：大魏承秦漢之弊，未及革制，所以追戮已出之女。……臣以為在室之女可從父母之刑；既醮之婦，使從夫家之戮。朝廷從之，乃定律令。（晉書刑法志亦載此事。）

唐律名例門：稱子者男女同；（緣坐者，女不同；）疏議曰：緣坐者，謂殺一家三人之類；緣坐及妻子者，女並得免，故云女不同。其犯反逆造畜蠱毒，本條緣坐及女者，從本法。宋律全同，明清律名例門稱期親尊長條略同；唯明清律謀叛者，女亦給功臣家爲奴。

唐律賊盜門謀反大逆條：諸謀反大逆者，皆斬；父子年十六以上，皆絞；十五以下及母女妻妾，（子妻妾亦同，）祖孫兄弟姊妹，若部曲資財，田宅，並沒官。宋律全與唐同；元刑法志大惡門及明清律賊盜門略同；唯明清律關於此種犯罪，母女妻妾均給功臣家爲奴。

卽謀反詞理不能動衆，威力不足率人者，亦皆斬，父子母女妻妾並流三千里；元明清律無相當規定。

唐律賊盜門造畜蠱毒條：諸造畜蠱毒，及教令者絞；造畜者，同居家口雖不知情……皆流三千里。宋律全與唐同。元典章刑部三，不道門，明清律人命門，均有相當之條文。

據上所論列及律文觀之，吾人於女子坐罪之問題，可得下列三種結果：

（1）所從坐者之罪名：　大逆，謀反，謀叛，造畜蠱毒。

（2）緣坐者所受之刑罰：　棄市（死刑，）沒官（卽爲婢，）給功臣家爲奴，流三千里。

（3）從坐之時期，及刑罰之輕重。約起自三代，迄於清末；但古代刑重，後世刑輕。至魏時出嫁女，始不從坐。南北朝時，男女坐罪，異其刑罰；至唐代且有女子不緣坐之明文。

（八）在室女與家族喪服之關係　中國服制，悉本於古代之禮制而來，至爲繁縟；歷代雖略有更改，而要無大變。茲將現行律中本宗九族五服正服圖列後，以便參閱：

本宗九族五服正服之圖

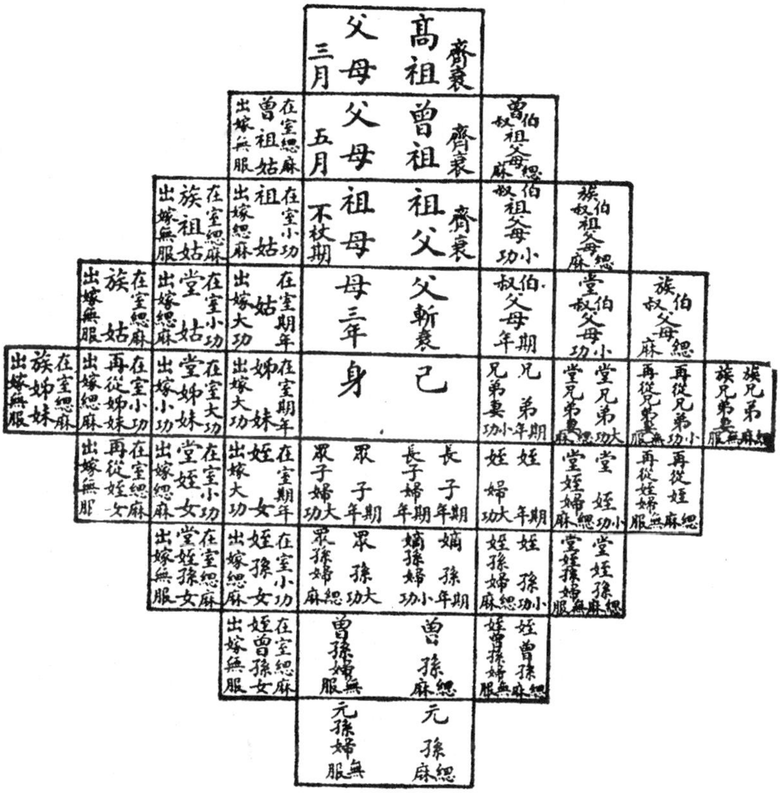

凡姑姊妹女及孫女在室，或已嫁被出而歸，服，並與男子同。

說明：在室女原爲父服斬衰三年（儀禮，喪服）及明代始改爲父母同服，斬衰三年（徐氏讀禮通考喪期表。）

附論養女

（一）乞養之原因與目的　中國養男之原因，多以養家缺乏子孫，又懼祖先之祭祀斷絕，因而乞養同姓（亦有異姓者惟不得立以爲嗣）之卑屬男子，以爲後嗣，俾承宗祧。故養子之目的，卽在繼續男子之血統，奉祖先之祭祀。至養女之原因，則不僅以缺乏子女爲限，故其目的亦不一致；據日本法學者東川德治所稱，則有四種：（1）有以實際上補助家事爲目的者；（2）有以招壻爲目的者；（3）又有以配自家男子爲目的者；（4）甚或有娼妓以貪爲人妾之利益爲目的者。註一 其實，除上述四種外，尚有以慰養親之私情爲目的者，此與古昔羅馬養子之目的，有相似之處。註二 蓋中國人之家族觀念，旣重奉祭祀，續血統，無有不求子孫之繁殖者。設有兩老孤單，子無一兒，每生『有女聊勝於無』之感。故慰養親愛子女之私情，亦養女之一目的也。

註一　參看支那法制史研究（東川德治著，東京有斐閣發行，）二八三頁。

註二　參看黃右昌羅馬法講義第二章第二節養子之目的。

（二）乞養之限制　養男除養家與本家身分平等之限制外，尙有同姓之限制；至養女則無同姓之限制，註三僅有兩家身分平等之限制。唐律戶婚門、養雜戶爲子孫條：

諸養雜戶男爲子孫者，徒一年半，女杖一百，官戶各加一等，與者亦如之。若養部曲及奴爲子孫者，杖一百各還正之。疏議曰：……若養客女及婢爲女者，從不應爲輕法，笞四十。

古時階級觀念甚深，良賤之別綦嚴。雜戶，官戶，客女，及婢，在當時爲賤戶，平民爲良戶；其身分不相等，故絕對不允平民乞養雜戶等男女爲子女。卽官戶與雜戶，彼此之間，亦不得互相乞養子女。部曲奴婢並不得養雜戶之男女，此皆爲疏議中所明白解釋者。至官戶雜戶等是否得養良戶之子女，此在後日容可發生疑問；而在當日階級觀念極盛之時，亦應採消極之解釋。宋律關於此之規定，完全與唐律相同。元刑法制戶婚門規定：

註三　唐律戶婚門養雜戶爲子孫條，養異姓男者，徒一年。……疏議曰：養女不坐。明淸律准養異姓男；但不得立以爲嗣。

諸乞養過房男女者聽。……奴婢過房良民者，禁止。

明清律例犯姦門、買良爲娼條：

凡娼優樂人買良人子女爲娼優，……或乞養爲子女者，杖一百。

以上元律只規定奴婢不得過房良民，明清律例只禁止娼優乞養良人爲子女，均係片面之規定；在論理上，則仍宜採相互禁止之解釋。蓋元明清律均有良賤爲婚之限制，婚姻與乞養均足以使無親屬關係者發生親屬關係；凡足以發生親屬關係者，無論親子或夫婦均須以身分對等爲要件此爲昔時法律上之傳統觀念也。現行律從清末之律文。

此外明清律例，尙有不得收留迷失子女之限制，（見戶婚門收留迷失子女條），此與收養遺棄小兒有別。蓋三歲以下者爲遺棄小兒，四歲者則以迷失子女論矣。現行律亦存此限制。

（三）乞養之方式　關於乞養之方式，歷代法律均無明文。東川德治謂：『中國異姓之養男及養女，概由買賣；然此不過民間之習慣，法制上仍禁子女之買賣。』

註四　其實中國民間習慣，養男之由於買賣者，不以異姓爲限，卽同姓間亦有之；至於養女，雖不能謂其絕無買賣之事，（如娼妓養女即其例，）然要以出於讓與之方式者居多。蓋養男之本家，多迫於貧而賣子；養女之本家，除因貧賣女外，尙多出於厭惡女子之心理，情願與人養育者，此則重男輕女之積習使然也。

（四）養女在養家之地位　養女在養家，其地位與親女有無差異，歷代法無明確之律文可考。只宋律（戶婚門死商財物條）載戶部奏請：聽在室女收認死商財物；出嫁女及養女，則不在給還之限。依此，則養女與親女之地位顯有不同。至明淸律則無類此之規定。惟就戶絕財產歸所生親女承受之律文（見上女子與繼承段）觀之，養女似無承受絕戶財產之權。總之中國之家族制度，注重男子之血統，以致親疏之間，極有分別；觀於義男酌給財產，及姦生子量與半分之律文，註五　親疏之別，可以見矣。故養女與親女，無論如何，不得立於同等之地位也。

註四　參看東川德治支那法制史硏究二八四頁。
註五　參看大明會典卷十九戶口門，淸律戶役門立嫡子違法條附例，及卑幼科私擅用財條附例。

（五）養女歸宗　養女由養家合法收養後，如養親有抑勒其爲娼，或與人通姦之事，除處罰養親外，並令養女歸宗，此爲元明清三代法律，通有之規定。註六 現行律，仍清末之律文。

此外唐宋律因無收留迷失子女之限制，對於收養遺棄三歲以下之小兒，日後如本生父母來認識時，令還本生之家；惟本生父母應量酬哺乳之直（見戶婚門養子捨去條疏議）此亦養女歸宗之一因也。

註六　參看元刑法志、戶婚門，及明清律犯姦門、縱容妻妾犯姦條。

第二章 已嫁婦之地位

彙苑云:『未嫁謂之女,已嫁謂之婦。』公羊傳曰:『女在其國稱女,在塗稱婦。』此爲中國『婦』『女』二字意義之不同,乃在『未嫁』與『已嫁』之別也。未嫁女之地位,已見上章所述,本章乃就已嫁婦之地位而論之也。惟所謂已嫁婦之名稱,在中國亦繁:曰后,曰夫人,曰嬪,曰孺人,曰婦人,曰妻,曰妾,曰媵,皆是也。註一 此類名稱,在專制時代,多係表示階級之用語,並見其有特殊之地位也。註二 茲就妻與妾二者述之。蓋現時之通稱,僅妻與妾;而在古昔,則妻妾爲天子與士庶人所通有者也。

註一 此類名稱見下列經傳:禮記曲禮:天子有后,有夫人,有世婦,有嬪,有妻,有妾。春秋成公八年冬衞人來媵,左傳曰:凡諸侯嫁女,同姓媵之,異姓則否。喈媵之名稱,亦見於儀禮,如『媵御沃盥交』是也。

註二 禮記曲禮『天子之妃曰后,諸侯曰夫人,大夫曰孺人,士曰婦人,庶人曰妻』。凡此皆表示階級之義也。

第一節　妻

白虎通云：『妻者，齊也，與夫齊體；自天子至庶人，其義一也。』此爲中國文字上表現妻之意義者。至妻在法律上之地位若何？不可不從下列諸端考察焉：

（一）婚姻

中國婚姻制度，成立最早，蓋易稱『有男女，然後有夫婦；』通典載：『伏羲氏制嫁娶，以儷皮爲禮。』此可見生民之初，即有男女結婚之形式也；不過及周代，其儀始備耳。註三

中國之婚姻，太古以前，其制難考。伏羲氏以後，聘娶婚與允諾婚並行，春秋以還，間採自由婚之制。註四 唯周代之禮制，（指周禮、禮記、儀禮諸書所載者，）僅備聘娶婚之儀；而後世之法律，亦遵禮制而爲之規定，故聘娶婚遂徧行於中國，蓋數千年於茲矣。近時維新之士，多倡行歐美之自由婚制，此風始稍變。以下當就法制上之婚姻，

註三　杜佑通典卷五十八：伏羲氏制嫁娶，以儷皮爲禮；……周制限男女之歲，定婚姻之時，六禮之儀始備。

略爲敍述，庶於妻之地位，可明其大半也。

（A）定婚

（1）定婚之意義與要件　定婚一語，在周代，自女方言之，則云『許嫁』（詳見前章成人之笄禮段；）自男方言之，則有『六禮，』卽納采，問名，納吉，納徵，請期，親迎，是也（參看本章註29。）唐宋元三代法律，皆沿襲『許嫁』之名稱；至明律始有『定婚』之語，清律因明之舊，現行律仍之。註五 蓋完婚兼男女兩方言之，雖與近代男女婚姻之預約相當，實則蟬蛻於『六禮，』而爲婚姻之要件也。

定婚旣淵源於古之『六禮』而來，則『六禮』爲禮經上極重視之儀注，其爲要式行爲，自無待言。後代法律上之所謂定婚，亦屬要式行爲，蓋以婚書或聘財爲要

註四　伏羲制嫁娶以立聘娶婚之制，而『五帝馭時，娶妻必告父母』（亦見通典卷五十八）卽爲允諾婚之創制。春秋時鄭徐吾犯之妹適子南氏（昭公元年左傳，）季姬及鄫子過於防（僖公十四年，）皆自由婚之例也。

註五　參看唐宋律許嫁女報婚書條，及元刑法志戶婚門；明清律及現行律，男女婚姻條。

件故也。註六 至實質上之要件，則與後述之婚姻要件相同。（見後面B條成婚。）

（2）定婚後男女之關係　女子許嫁之後，對於男子（未婚夫）即生一種『繫屬』之關係，茲將禮經上有關之文列下：

禮記曲禮：女子許嫁纓。注：女子許嫁系纓，有從人之端也。

儀禮士婚禮：主人入，親說婦之纓。注：婦人十五許嫁，笄而禮之，因著纓，明有繫也。

觀右之記載，則知女子於許嫁後，所著之纓，直待成婚後，由其夫脫之，此爲女子一經許嫁，即屬於其未婚夫之明證。故自唐律以來，對於女子之許嫁後更許他人者，無論其已成婚或未成婚，均以女歸前夫爲原則；現行律尚復如是。註七 仍不外維持禮制上女於許嫁後，歸屬其夫之意。又歷代法律，於謀反大逆之罪，多誅累全家（男

註六　唐律戶婚門、許嫁女報婚書條，諸許嫁女已報婚書及有私約而輒悔者杖六十……雖無許婚之書，但受聘財亦是。宋元（刑法志）明清律婚姻門大致相同。大理院判例（二年上字二一五號）亦認婚書或聘財爲式之要件。

註七　參看唐宋律戶婚門、許嫁女報婚書條；元刑法志戶婚門；明清律及現行律婚姻門、男女婚姻條。

誅戮，女沒官；）惟女已許嫁者，則不追坐。此自唐律以迄清律，皆有明文者，註八是又許嫁女歸屬夫家之一證也。

復次，在古代（商周之際）定婚之男女，如一方有亡故者，他方可爲之服喪。如禮記曾子問：

曾子問曰：『娶女有吉日，而女死，如之何？』孔子曰：『壻齊衰而弔，既葬而除之，夫死亦如之。』

右一段話，雖係周代師生問答之語，然可爲當時一般人心理及社會情形之表現；不過未成爲當代確定之制度，後世未之奉行。但後世有所謂『望門寡』者，（見第四章旌表段）其情形較『齊衰而弔，既葬而除之，』尚嚴重十倍，不啻視定婚之男女，名義上已成爲夫婦矣。

註八　參看唐宋律賊盜門、緣坐非同居條，明清律賊盜門、謀反大逆條。魏初，犯大逆者誅及出嫁女；及毋丘儉伏誅時，乃始改令。（晉書刑法志。）至許嫁女不追坐，或自晉代始也。按晉書解系傳：系及弟結同被害，女適裴氏，明日當嫁而禍起，裴氏欲認活之；女曰：家既若此，我何活爲？亦坐死。朝廷遂議革舊制，女不從坐，由結女始也。

在現時，依現行民刑訴訟條例之規定，未婚婦亦構成法官迴避原因之一；並未婚男女之一方爲訴案當事人或被告人時，他方有拒絕證言之權利。（參看本章後面「夫婦在訴訟法上之關係」一段。）

總之，中國社會視已定婚之男女，彼此間有相當之親屬關係，爲古今之通例。

（3）退婚及聘財之返還　定婚後，女雖繫屬其夫家；然此項關係，非絕對不可破除者，卽有一定之原因，亦可解除此項關係，所謂退婚是也。然定婚既以婚書或聘財爲要件，退婚自當返還婚書或聘財。唯中國之聘財，專係男家給送女家之禮物，與婚書之互相交質者，既有別；卽與古昔羅馬之定婚，男女雙方互有贈與品者，亦不同。故茲所謂聘財之返還，亦係專由女家返還男家也。以下分述退婚之原因，並附論聘財之追還。

（a）定婚有妄冒之情形者　所謂妄冒者，指男女一方有嫡庶殘疾等情形，於定婚時，未明白通知者而言。唐宋律，不認此爲退婚之原因，故亦無聘財返還之規定。明律雖有『女家妄冒，追還財禮』之規定，惟觀於未成婚者，仍依原定之文，似亦不得退婚。依清律關於『仍依原定』之律文附注及輯注之解釋，無論男女家妄冒，於某種情形之下，當可退婚，女家妄冒並追還財禮。現行律仍清之舊，民國成立，大理院亦認妄冒爲撤銷之原因。註九

（b）女子於定婚後又與他人定婚或成婚者　此際唐宋明清律均以女歸前夫爲原則，如前夫不願娶，則追還聘財，即可退婚；惟明清律有倍追財禮之文，是含有違約金之性質矣。元刑法志則以女絕對歸前夫；惟元典章有女改嫁他人，已生子女者，則追還聘財與前夫別娶之例。現行律從清末之律文。註十至男家悔約另聘已成婚者，前聘之女亦有退婚之自由，歷代法無明文；及民國成立，大理院始以判例認定之也。（六年上字八四五號。）

註九　參看唐宋律戶婚門、爲婚女家妄冒條；明清律婚姻門、男女婚姻條；並清律附注及輯注。現行律男女婚姻條大理院四年上字一〇〇七號判例。

註十　參看唐宋律、許嫁女報婚書條；明清律及現行律、男女婚姻條；並元刑法志戶婚門；元典章戶部四、嫁娶門、領訖財禮改嫁事理條。

（c）定婚後男女一方犯姦盜者　唐宋律無此規定。明清律男女婚姻條均有『其未成婚，男女有犯姦盜者，不用此律，』之規定；即謂男女於定婚後犯姦盜者，不適用悔婚之律文也；但無女犯姦男家願棄者追還聘財之明文。註十一　元刑法志（戶婚門）則規定較詳，不特承認夫爲盜及犯遠流者，女得改嫁；即夫家犯叛逆應沒入者，女亦得改嫁；至女犯姦事覺夫家欲棄，則追還聘財，不棄，則減半成婚。現行律仍清之舊。

（d）男家故違成婚期者　唐宋律亦無此規定。元刑法志（戶婚門）有『定婚無故五年不娶』者，有『給據改嫁』之明文。大明會典（卷二十婚姻門）因之。清律婚姻門出妻條附例有『期約已至五年無故不娶，……別行改嫁』之規定。現行律從之。

（B）成婚

註十一　大明會典（卷二十婚姻門）有補充之規定：其定婚夫作盜，……女家願棄者，聽還聘財；其定婚女犯姦經斷，夫家願棄者，追還聘財。

成婚之用語，亦本於唐律以還『已成……未成』之律文而來，即今俗之所謂結婚也。惟未成婚以前，須具備婚姻之實質上要件，經履行一定之儀式後，夫婦關係始獲成立也。

（1）婚姻之要件　關於婚姻之實質上要件甚多，茲僅就其重要而有關於本篇之論旨者，而略述之。

（a）當事人之合意　近世列國，婚姻幾無不以男女之合意爲前提者。考諸吾國載籍，易經下經首咸卦，次恆卦，咸有感通之意；少男艮在下位，少女兌在上位，即爲少男少女互相感應，而有結合之意思；恆者，久也，即爲男女表示終身結合之意思。註十二　如此以言，此項要件在中國成立亦甚早。惟從周代之禮經，及後代之法律上考之，無論定婚與成婚，皆不見有此項要件之存在；只見注重主婚人之意思，而不注重當事人之意思。（參看後面主婚段。）

且法律上間有『前夫不娶還聘財』及『妻妾果願守志……而强嫁之者杖

註十二　參看易經咸恆二卦程傳。

八十』之明文，註十三 似乎注重當事人之合意；然究屬例外之情形，非原則上如此也。民國成立大理院根據近代民法一般之原則，認成婚與定婚均須得當事人之同意。（四年統字第三七一號、五年統字第四五四號解釋例。）

（b）主婚人之同意　所謂主婚人之同意者，卽婚姻必有主婚人，爲之主也。主婚之制，始於有周：天子嫁女於諸侯，使同姓諸侯主之；諸侯嫁女大夫，則使同姓大夫主之；註十四 至士庶人之主婚，稽之儀禮士婚禮所載六禮之辭，註十五 通常以父爲主婚人，母或受『男不言內，女不言外』之限制，而不便主婚也。及唐律始有主婚之明文，嫁娶違律條規定：

註十三　參看唐宋律戶婚門許嫁女已報婚書條；元刑法志戶婚門；明淸律男女婚姻條及居喪嫁娶條。

註十四　春秋莊公元年，夏，單伯送王姬。註曰：王將嫁女於諸侯，卽命魯爲主。……天子嫁女諸侯，使同姓諸侯主之，不親婚，尊卑不敵。又同年公羊傳：天子嫁女於諸侯，必使諸侯同姓者主之；諸侯嫁女於大夫，必使大夫同姓者主之。

諸嫁娶違律，祖父母，父母主婚者，獨坐主婚。若期親尊長主婚者，主婚爲首，男女爲從。餘親尊長主婚者，……其男女被逼，若男年十八以下，及在室之女，亦主婚獨坐。宋律全同。

據右之律文，吾人應得二結果：其一，主婚人不以父母爲限，祖父母及期親之尊長，均可主婚，以示婚姻必有主婚人；如父母亡故，尚有他人代爲主婚。其二『男女被逼』及『獨坐主婚』，皆爲婚姻不重當事人意思，而重主婚人意思之表現。明清律與唐大致相同；惟大明會典關於主婚之規定，尤爲明顯。註十六 清律男女婚姻條附例因之，現行律仍清之舊。

於此有須附帶說明者，卽中國之婚姻習慣通常對『父母之命』『媒妁之言』

註十五 儀禮士婚禮辭曰：『吾子有惠貺某室也，某有先人之禮，使某也請納采。』對曰：『某之子惷愚，又弗能吾子命之，某不敢辭。』致命曰：『敢納采。』此係『六禮』中『納采』之辭，餘大致相同。辭中某字係指男父之名，媒妁之名，及女父之名。

註十六 大明會典（卷二十婚姻門）載洪武二年令，凡嫁娶皆由祖父母父母主婚；祖父母父母俱無者，從餘親主婚。

二者並重；婚姻必得主婚人之同意，既如上述；媒妁之言，是否必須，是亦所當討論者。考之周禮地官有媒氏之職，曲禮有『男女非行媒，不相知名』之記載；詩經南山篇亦云：『娶妻如之何？匪媒不得：』此從古代禮經上言之，媒妁爲正式婚姻所必備者。就後代之法律上考之，則唐律爲婚女家妄冒條，疏議曰：『爲婚之法，必有行媒。』宋律與唐同。元典章認媒妁由地方長老保送信實婦人充官爲籍；（元典章戶部四禮婚門）是唐宋元三代法律，均認媒妁爲婚姻之要件。惟依明律纂註及清律輯註（見各該律男女婚姻條）之解釋：『婚書係由媒妁通報寫立者，私約則無媒，只私下議約也。』則媒妁非必要矣。蓋具備私約者，定婚亦爲有效（參看上面定婚要件。）此不特與中國歷來之法制精神不符，亦與各該律「嫁娶違律治媒人罪」之意，殊有不合。民國以來大理院之判例，認婚書爲有媒妁通報寫立者，無論報官有案，或僅私約，均無不可，（二年上字二一五號）是認私約亦須經媒人寫立，不過未報官立案耳。大理院之意見當否，姑且不論；但與中國歷來禮法之精神，頗適合。故婚姻必有媒人，在中國現時，不特爲社會上之習慣，亦且爲法定之要件也。

（c）一夫一妻之原則　近世文明諸國，無不採行一夫一妻之制。吾國自古，卽行此制。據漢蔡邕獨斷稱：『帝嚳（卽五帝之一高辛氏也）有四妃，以象后妃四星，其一明者爲正妃，三者爲次妃也。』（通志后妃傳亦載之。）史記（五帝紀）亦稱黃帝有二十五子，其正妃嫘祖生二子，餘當爲次妃所生矣。卽尙書堯典所載：『釐降二女於嬀汭，嬪於虞』之事實，亦非一夫多妻制；蓋尸子（魯人尸佼所著）云：『堯聞舜賢，徵之草茅之中，妻之以媓，媵之以英。』是一夫一妻之制，或與婚制並興（婚制成於伏羲之時，）亦未可知；但妻之外，復有妾，亦爲同時並行之制，是又不待言者也。

後世之法律，自唐律以來，均維持一夫一妻之原則。其有關之各條文，均見第五章重婚罪段所引列，姑不再贅。

（d）適婚之年齡　適婚之年齡，以國民身體之發育狀況爲標準，而與一國之氣候土地大有關係，故各國關於此，未盡從同也。中國之婚姻年齡自古迄今，時有變遷，大抵古時之婚年較後世爲高也。

據杜佑通典（卷五十九）所載：『太古男五十而娶，女三十而嫁；中古男三十而室，女二十而嫁。』惟太古荒遠，事不足徵。三十二十之年，或起自唐虞，以迄於成周，成爲通例。註十七 唯所謂三十二十者，乃指成婚年齡之最高限度而言；至最低限度，則男約二十，女約十五耳。註十八 自是以後，歷代法制，頗有變遷。戰國之時，齊桓公下

註十七　杜佑通典（五十八）堯舉舜曰：『有鰥在人間』（鰥三十也）以其二女妻之，二十而行之。又周禮地官媒氏令男三十而娶，女二十而嫁。禮記曲禮關於女子，則有『十有五年而笄，二十而嫁』之記載。

註十八　孔子家語哀公問於孔子曰：『男子十六精通，女子十四而化，是則可以生民矣。聞禮男三十而有室，女二十而有夫，豈不晚哉？』孔子曰：『夫禮言其極耳，不是過也。男二十而冠，有爲人父之端；女十五而許嫁，有適人之道。』周禮媒氏王應電注：『度其材品之賢愚，知識之早暮，氣體之強弱，則男自二十至三十，皆可以娶；女自十有五至二十，皆可以嫁。』此爲周代一般人男二十女十五可以嫁娶之說。至古時國君之婚年，則較一般人爲低。徵之杜佑通典（卷五十六）『文王年十二而冠，注云：文王十三生伯邑考；左傳曰，冠而生子，禮也。』之記載可知。

令曰：『丈夫二十而室，婦人十五而嫁』（見韓非子。）越王勾踐之欲報吳也，令男二十女十七不嫁娶，罪其父母（越語及春秋外傳。）蓋務於戰爭，急謀增殖人口也。漢惠帝六年令：女子年十五以上至三十不嫁，五算（漢書惠帝記。）時當承平，婚嫁最高年齡，較周制尙寬。晉武帝九年制：女年十七不嫁者，長吏配之（晉書武帝記，）是晉時女子以十七歲爲最高婚年矣。南北朝時，北周武帝三年詔：自今以後，男年十五，女年十三以上，……所在軍民，以時嫁娶（周書武帝紀。）婚姻年齡，當以北朝爲最低矣。唐貞觀元年詔：民男二十女十五以上，無夫家者，州縣以禮聘娶。（唐書太宗本紀。）早婚之習，於此稍革；唯開元二十二年詔：男子十五女十三以上，得嫁娶，（食貨志，）是又復北朝之陋習矣。宋時改爲男子年十六至三十，女子年十四至二十，皆得成婚（司馬氏書儀，）庶近周制。朱子家禮（卷三）因之。明洪武元年令：庶民之嫁娶，悉依朱子家禮（大明會典卷七十一。）大清通禮（卷二十六）亦仍明制。故宋明清三代，皆以男子十六女子十四，爲婚姻最低年齡也。

民國成立，初未有注意及此者。迄民國十四年，國際聯合會來函中國，調查婚姻年齡，大理院依現行律以十六歲爲成丁之說，遂解釋男女以十六歲爲有婚姻之能力（十四年月統統字一九五〇號）夫以十六歲爲成丁，本有未妥，姑且不論；而使男女採同一之婚姻年齡（同爲十六）則於現行律『男女婚姻各有其時』之語，將何以自解？註十九

（e）非同姓（或同宗）者　同姓指有同一祖先之血統關係者而言。同姓不通婚姻，其制蓋始於周代；夏殷之世，無禁例也。註二十　其所以禁同姓通婚者，其理由約有二：其一基於倫理上觀念，視同姓結婚，近於禽獸（參看本頁注20）故禮記

註十九　按現行律『男女婚姻各有其時』之文，原本於淸律而來；則『各有其時』之句，雖無明文可考，自係指大淸通禮（卷二十六）所採之男十六至三十，女十四至二十之年齡也。

註二十　孔子家語：同姓爲同宗，有合族之義，故繫之以姓而弗別，綴之以食而弗殊，雖百世而婚姻不通，周禮然也。杜佑通典（卷六十）殷以上，婚不隔同姓，周制則不娶宗族。魏書高祖紀：夏殷不嫌一姓之婚，周氏始絕同姓之娶。御覽引禮外傳：夏殷五世之後，則通婚姻；周公制禮，百世不通，所以別禽獸也。

郊特牲云『取於異姓，所以附遠厚別也。』其二基於生理上觀念，以婚姻爲繼後世之要件，註二十一同姓爲婚，有妨子孫之繁殖：如鄭叔詹云『男女同姓，其生不繁（僖公二十三年左傳）』子產曰『內官不及同姓，其生不殖，美先盡矣』（昭公元年左傳）皆是也。

同姓不婚，在周代雖爲通例；然究屬一種禮制，無强制一般人遵行之效力。如春秋時代，魯昭公娶於吳，謂之吳孟子（見論語）魯吳爲同姓。晉公子姬出也（僖公二十三年左傳）而晉亦姬姓。當時雖以魯昭公爲失禮，而婚姻仍然可以成立。卽漢魏六朝之時，亦不極端遵行此項禁例。註二十二及唐代始有法律作强制之規定，其戶婚門同姓爲婚條：

諸同姓爲婚者，各徒二年，……並離之。宋律全同於唐，元典章（戶部四婚禮門）明淸律均相有同之

註二十一　禮記婚義：婚禮者，將合二姓之好，上以事宗廟，下以繼後世也。

註二十二　杜佑通典卷六十：漢呂后妹嫁呂平王莽娶宜春侯王咸女，後稱曰宜春氏；晉劉頌女適陳嬌（嬌本劉氏子，）時人譏之：此皆爲漢魏六朝不極端遵行此制之徵。

規定。

唯周代之同姓，卽指同宗而言（參看本章註20孔子家語；）後世之姓氏混亂，往往有同姓而非同宗者。後代之法律，舉同姓與同宗者而並禁止其通婚，註二十三實屬不當。清末始删除同姓爲婚之條，現行律仍清末之律文（僅有娶親屬妻妾條）故現時只禁同宗爲婚，而不禁同姓婚矣。

（f）非宗親之妻妾　同姓（或同宗）不得爲婚，旣如上述；至於同宗之妻妾，則異姓也，似可以爲婚矣。中國以重禮教之故，卽宗親之妻妾，亦在不得爲婚之列。唐律戶婚門爲袒免妻嫁娶條規定：

諸嘗爲袒免親之妻，而嫁娶者，各杖一百；緦麻及舅甥妻，徒一年；小功以姦論，妾各減二等，並離之。宋律同。

據右之律文，唐宋時代，同宗五服內之妻妾，五服外袒免宗親之妻妾，姑及舅甥妻妾，皆不得結婚；至袒免以外之同宗無服親註二十四之妻妾，皆可結婚矣。元代此種

註二十三　參看明清律同姓爲婚條，及娶親屬妻妾條。

禁例大破。蓋蒙古人之風俗，兄亡弟復娶其嫂，則稱之爲『收繼』。元典章戶部四收繼門關於弟收嫂之例甚多。則當時蒙古人雖禁同姓爲婚，（至元八年始有此禁，見元典章戶部四婚禮門，）而不禁娶同宗之妻妾可知。惟兄亡弟可收嫂，弟亡兄不得收弟婦；並漢人不得收繼，此亦所當知者。註二十五明代則大矯元代收繼之風俗，除對兄亡收嫂弟亡收弟婦者，處以絞刑外，並禁娶同宗無服親之妻妾（不問被出或已改嫁者，）蓋較唐宋爲尤嚴，是亦未免矯枉過正也。清律仍明之舊，又增加附例一則：『凡收伯叔兄弟妾者，卽照姦伯叔兄弟妾，減妻一等，杖一百流三千里。』可見其爲法尤密。及光緒三十四年，修訂刑律時，始刪除此例，餘無甚變更。現行律略同。註二十六

註二十四　禮記大傳：『四世而緦服之窮也。五世祖免，殺同姓也。六世親屬竭矣。』是祖免以外，皆屬無服之宗親矣。

註二十五　參看元典章戶部四不收繼門，兄收弟妻斷離例，並漢兒人不得接續例。元刑法志戶婚門規定：諸兄收弟婦者，杖一百七，婦九十七，離之。……又諸漢人南人，父沒子收其庶母，兄沒弟收其嫂者，禁之。

惟中國民間，迄現時尚有弟收嫂，及兄收弟婦之習俗，此或爲元代蒙古人之遺風；雖經明清律之嚴禁，而亦未能盡革也。

（g）非外姻之尊卑輩分不同者　外姻之輩分不同者無論有服無服，均不得爲婚。考之杜佑通典，（卷六十）大唐永徽元年，始有此議也。註二十七唐律戶婚門同姓爲婚條規定：

若外姻有服屬而尊卑共爲婚姻，及娶同母異父姊妹若妻前夫之女者，亦各以姦論；疏議曰：外姻有服屬者，謂外祖父母舅姨妻之父母。

註二十六　本段參看明律，清律，大清現行刑律案語，及現行律等婚姻門娶親屬妻妾條。

註二十七　春秋時，媵制盛行，（參看本章第二節）姪女從姑，尊卑爲婚，自非所禁，即至漢時，尚無外姻尊卑爲婚之禁，如漢惠帝后張氏，乃帝姊魯元公主之女（漢書高后傳，）帝之甥也。哀帝后傅氏，乃帝祖母傅太后從弟之女（通志后妃傳，）帝之外姻諸姑也。　又武帝以江都王建女細君嫁烏孫昆莫，嗣昆莫老年，使其孫岑陬尚主，武帝竟詔從其俗（漢書西域傳，）是漢時西域之風，孫可妻祖母矣。

其父母之姑舅兩姨姊妹，及姨，若堂姨，母之姑，堂姑，己之堂姨，及再從姨，堂外甥女，女壻姊妹，並不得爲婚姻；違者各杖一百，並離之。　疏議曰：父母姑舅兩姨姊妹，於身無服。

據右之律文而觀，外姻之輩分不同者，固不得爲婚；卽無親屬之關係者，苟其間有血脈甚近之同輩，或有切近之尊卑輩分者，亦不得結婚，如律文中所列之『同母異父之姊妹，妻前夫之女，女壻姊妹』是也。

宋律全同唐律，明清律尊卑爲婚條，除於女壻姊妹句下，增加『子孫婦之姊妹』一項外，又有『若娶己之姑舅兩姨姊妹者杖八十』之規定；是外姻輩分相同之中表姊妹，亦禁止結婚矣。惟明洪武時，從朱善之言，已弛其禁，復於問刑條例之末增加『姑舅兩姨姊妹爲婚者，聽從民便』兩語（以上均見大清現行刑律案語尊卑爲婚條所引。）清律附例亦存明例之舊。迨光緒末年修訂刑律時，始將律文中『姑舅姊妹爲婚』之禁例及附例中『聽從民便』之語一併删除。故明清律中，雖有中表兄弟姊妹不得爲婚之禁例，而實際上等於具文也。現行律仍清末所修訂者。

此外明清律附例均有『前夫子女，與後夫子女，苟合成婚者，以娶同母異父律條科斷』之規定。夫同母異父之兄弟姊妹，以其有血脈相聯之關係，禁其不得爲婚固矣。至前夫子女與後夫子女，既不同父，又不同母，於其結婚，亦加以限制，殊非必要也。

（h）非居喪者　居喪不可嫁娶，其制亦成立於周代。禮記內則云：『十有五年而笄，二十而嫁，有故（故謂父母之喪）二十三而嫁。』此謂女子居父母喪不得嫁也。又雜記云：『己雖小功，既卒哭，可以冠，娶妻。』此謂男子居喪，不得娶也。在周代不特己身居喪，不得嫁娶，卽父居小功（五月）以上之喪，男女亦不得嫁娶。（雜記云，父小功之末可以嫁子，可以娶婦。）晉時亦有周喪（期年）不可嫁女娶婦之議。（杜佑通典卷六十。）至唐則有律文可稽，子女居父母之喪，及妻居夫喪，均不得嫁娶；宋元（刑法志）明清律，均有關於此之規定。註二十八現行律從清之制。其實近世列國多就女子再婚，定有適當期間者（通常爲十個月，）蓋爲防血統之混亂也；至純因居喪憂戚之故而不嫁娶者，或亦爲中國獨占之舊倫理觀也。

註二十八　參看唐宋律戶婚門、居父母夫喪嫁娶條；明清律居喪嫁娶條，元刑法志戶婚門。

除以上所述各項要件外，尚有州縣官不得娶部民爲妻妾，一般人不得娶逃亡婦女；並禁娶樂人爲妻及良賤爲婚等等要件，皆略而不道者，懼其繁冗而無關本文之論旨也。

（2）婚姻之儀式　婚姻之儀式，廣義言之，卽婚姻之一切形式要件也。如周代之六禮，註二十九以及婦入男家所行共牢合卺之禮，註三十並翊晨婦見舅姑，三月

註二十九　六禮之意義：（一）納采。禮記昏義注：『納采擇之禮，故婚禮云下達納采用雁也。』儀禮士昏禮注：『將欲與彼合婚姻，必先使媒氏下通其言，女氏許之，乃後使人納其采擇之禮。』此婚約之要約也。古時男家先向女家求婚，近世男女雙方均可先使媒妁進言。（二）問名。昏義注：『問名者，問其女之所生母之姓名，……此二禮一使兼行之。』蓋謂與納采禮同時行之；故朱子家禮將問名併入納采，近世求年庚之濫觴也。（三）納吉。陳氏禮書：『納吉，卽文定之說也，又謂之通書。』言問名既得其實，歸而告於廟，卜得吉兆矣，遣使往女氏納之，婚姻事定矣。』此卽後世法律上所謂『報婚書』，一般人呼之爲傳庚也。（四）納徵。昏義注：『納徵者，納聘財也；徵，成也，先納聘財而後婚成。』春秋時謂之納幣，後世法律用受聘財之名稱。元代人民謂之『下財，』現時或稱之爲『下禮』

廟見之禮，均包括在內。狹義言之，則指夫婦成婚之當日，親迎及共牢合巹之禮而言。茲所謂儀式，卽指結婚之儀式而言，從狹義也。後世於古禮，多加省略，如朱子家禮併六禮爲三禮（納采，納幣，親迎；）婦見舅姑雖仍爲成婚之明日，而於三月，廟見之制，則改爲三日，主人以婦見於祠堂（參看卷三）。元代於婚禮，較朱子家禮多議婚一目（元典章三十婚姻禮制條；）明淸兩代，悉從朱子家禮（參看前適婚年齡段。）惟後代祠堂之設立，不能徧及於士大夫之家，而況庶人？故一般人之婚禮，多於新婦入門之當夕，卽於家中設祖位，使夫婦一同拜祭，嗣行交杯共食（卽古之共牢合巹）之禮，繼行拜舅姑及各尊長之禮。是以後世狹義結婚之儀式，包括古時親迎，共牢合

（五）請期。昏義注：『請期者，謂男家使人請女家以婚時之期。何必請者？男家不敢自專。』近世每由男女兩家雙方協議，擇定日期，再由男家送期帖於女家。　（六）親迎。卽婿當黃昏之時，親往女家迎婦以歸也。近世亦有行之者。

註三十　共牢合巹，禮記昏義：婦至，婿揖婦以入，共牢而食，合巹而酳。註：共牢而食者，共一牲牢而同食不異牲。合巹而酳者，酳，演也，謂食畢飲酒，演安其氣，以一瓠分爲兩瓢，謂之巹，婿與婦各執一片以酳。

蚤，見舅姑，廟見，四者也。現時所稱舊式之結婚，仍遵此儀式；唯新式之自由結婚，則於新郎新婦相行三鞠躬禮後，卽同向家長行三鞠躬禮而已。

（3）夫婦關係之成立　上述婚姻之儀式甚多，究以履行何種儀式後，始生夫婦之關係；換言之，卽至履行某種儀式時，始生婚姻之效力：此因古今舉行禮式之時日不同，而各家之學說又未盡一致，故未可一概論也。

在周代大率以三月廟見後，夫婦之關係始成立；註三十一但依公羊傳『在塗稱婦』之義，亦可解爲女子於親迎在塗時，卽與其夫生夫婦之關係，此未免失之過早。

註三十一　禮記曾子問：『三月而廟見，稱來婦也；擇日而祭於禰，成婦之義也。曾子問曰：「女未廟見而死，則如之何？」孔子曰：「不遷於祖，不祔於皇姑，……歸葬於女氏之黨，示未成婦也。」』此爲三月廟見後，定夫婦關係之說也。惟鄭康成以此三月廟見係指舅姑亡者，婦入三月之後，而以禮見舅姑於廟中也。若舅姑存者，則於當夕同牢之明日，卽見舅姑以成婦禮。而賈服之義，以大夫以上無問舅姑在否，皆三月見祖廟之後，乃始成婚（二說詳見曾子問孔疏。）徵之春秋齊大夫高固與子叔姬歸甯反馬之事實，當以賈說爲是。

若果以三月廟見後，定夫婦之關係，則與古昔羅馬使用式之婚姻，須經一年後，始生夫婦之關係者，不啻『五十步笑百步』矣。其實應以當夕共牢合巹之後，認爲夫婦關係卽成立。蓋昏義所謂：『共牢而食，合巹而酳，所以合體同尊卑，以親之也。』東漢魏晉之時，有『拜時婦』與『三日婦』之稱。所謂『拜時婦』者，卽當荒亂之時，男女未成婚之前，女及良時拜舅姑，卽與夫成立夫婦之關係者也。『三日婦』者，則以成婚三日後，始定夫婦之關係也。註三十二宋時，依朱子家禮三日見婦於祠堂之說，亦以三日廟見後，定夫婦之關係也。元典章（卷三十婚禮門）亦同。明淸兩代士庶人婚禮，悉依朱子家禮。註三十三但世俗多於卽夕拜祖先（卽廟見禮，）是又不得不以成婚之卽夕，爲夫婦關係確定之日也。現時大理院以舉行相當禮式（如舊禮式之

註三十二　參看杜佑通典（卷五十九）『已拜時而後各有周喪迎婦遣女議，』至『拜時婦三日婦輕重議』各節。

註三十三　明洪武三年（大明會典卷七十一）令：『庶人婚禮，於親迎之明日，卽行見祖禰及見舅姑之禮，』此與家禮三日見祠堂不合者。

迎娶入贅，新禮式之舉行結婚）之日，爲夫婦關係之成立（統字十五號解釋例，）蓋採卽夕說也。

（C）離婚

離婚之語，間出於史乘雜書，於往昔法律上未之見也。註三十四但現時已成爲通語，姑從其便。

（1）離婚之種類與原因　依中國往昔之法制，及現時之法例，離婚可別爲協議離婚，强制離婚，與呈訴離婚三種。以下僅就此三者論之，並各附述其原因也。

（a）協議離婚　協議離婚之事，漢代已見之，如朱買臣聽其妻之自去，（漢書朱買臣傳，）卽其一例。唐宋律（戶婚門義絕離之條）稱『和離者不坐，』（元刑法志戶婚門同；）明清律（出妻條）稱『兩願離者，不坐；』皆法律上之協議離

註三十四　舊唐書李德武妻裴氏傳：『淑字英，戶部尙書安邑公矩女也。德武坐從父金才事，徙嶺表，矩奏請德武離婚，煬帝許之。』又世說：『賈充前婦，是李豐女，豐被誅，離婚徙邊，』此爲離婚用語之所出。至唐宋律則用『離』或『離正』等語；明清律間用『離異，』皆無『離婚』之語。

婚制也。現行律仍清之舊。

此項離婚，既屬兩願，固不問其原因之若何也。

（b）强制離婚　此種離婚，不問當事人之意思若何，如有一定之原因發生，國家卽强迫其離婚；若不離婚，國家卽予以處罰。此卽唐宋律（義紀離之條）所謂『諸犯義絕者離之，違者徒一年；』元典章（戶部四休棄門、離異買休妻條）及明清律（出妻條）所謂『若犯義絕應離而不離者亦杖八十』是也。現行律從清末之文。至唐宋明清等律，其他各處所稱之『離』或『離異，』註三十五皆係婚姻之無效或可得撤銷者，自不在此强制離婚之限。

如上所言，强制離婚唯一之原因，乃為義絕。何謂義絕？依唐律（妻無七出條）疏議之所揭，可分列如下：

一、夫毆妻之祖父母，父母，及殺妻之外祖父母，伯叔父母，兄弟，姑，姊妹；

註三十五　參看唐宋律違律爲婚及嫁娶違律各條；明清律嫁娶違律、主婚人媒人罪條；並元刑法志戶婚門，相當各條。

二、夫妻祖父母父母，外祖父母，伯叔父母，兄弟，姑姊妹，自相殺；

三、妻毆詈夫之祖父母，父母殺傷夫外祖父母，伯叔父母，兄弟，姑，姊妹；

四、妻與夫之緦麻以上親姦，或夫與妻母姦；

五、妻欲害夫。

以上所列五項原因，除第二項係屬平等（夫妻雙方相等）外，餘則妻所負之責任，較夫爲重。蓋夫對妻之祖父母等必有『毆』之事實，方犯義絕；而妻對夫之祖父母等或毆或詈，均可構成義絕之狀：此其不平等者一。妻與夫之緦麻以上親姦，卽犯義絕；而夫非至與妻母姦則不爲義絕，（他罪雖可成立，又當別論）此其不平等者二。妻欲害夫爲義絕；夫欲害妻，則不在此限：此其不平等者三。

關於此種離婚，爲妻者所受不平等之待遇，至少可謂自唐以來，直至現時，尚如此也。註三十六

註三十六　唐律疏議所揭『義絕』之狀，明淸律雖無明文可考；但其律文相同，當採同一之解釋：現時大理院解釋義絕，尙根據唐律疏議。（統字五七六號。）

（c）呈訴離婚　此種離婚，既非出於當事人雙方之合意，自與協議離婚不同；又非由於國家之强制，亦與强制離婚有別。蓋由夫妻一方之要求，由官廳斷其離異者也。

此種離婚原因，除禮經上及唐宋元明清律所揭載之外，民國以來大理院又依近世一般民法之原理，而加以擴充。試爲分類而論列之：

（一）共同原因　此指夫婦雙方，無論一造有此項原因，他造得以請求離異也。

（1）夫婦一造受他造重大侮辱或虐待不堪同居者　歷來法律無似此概括之規定。只民國成立後，大理院以判例認定之。（五年上字一〇七三號及一四五七號）

（2）成婚後發現一造有殘疾者　此亦爲大理院根據歷來法律妄冒成婚離異之規定，而加以補充者也。（九年上字二九一號判例。）

（二）屬於妻方之原因　此指夫對妻請求離婚之原因而言，有下列數種：

（1）妻犯七出者　所謂七出者，卽『不順父母』『無子』『淫僻』『嫉妬』『惡疾』『多口舌』『竊盜』是也。按七出之條，見大戴禮，孔子家語亦引之，故至少可謂爲周代通行之禮俗。且曾子因蒸梨不熟而出妻，（孔子家語，）孔氏三世出妻（散見禮記檀弓，）而其原因亦未詳，是妻不限於七出之條，聖門師生，相率行之，一般人可知矣。如此則七出之條，在後世視爲極不合理，在當時或爲特設之限制，亦未可料也。雖有七出之條，又有三不去之理以爲限制：三不去者，卽『有所取無所歸』『與共三年之喪』『前貧賤後富貴』是也。

自唐律以來，迄於現時，七出三不去，均成爲法文矣。惟唐宋律對於犯惡疾及姦者，使不受三不去之保障；而元典章明清律則僅使犯姦者，不受保障而已。註三十七現行律從清之舊。

（2）妻背夫在逃者　唐宋律關於妻妾擅去，僅有徒二年之處罰；其因而改

註三十七　參看唐宋律戶婚門妻無七出條；元典章（戶部四休棄門、離異買休妻條）所引七出三不去條，清律出妻條附例。

嫁者，亦只罪加二等（見妻無七出條。）明淸律始有妻背夫在逃者杖一百，從夫嫁

賣之明文（見出妻條。）前淸末年始改『嫁賣』之文爲『聽夫離異』現行律從

清末之文。

（3）妻毆夫者　唐宋律對此僅科以較夫毆妻之加重處罰；而在明淸律，則

以離婚之權，畀諸其夫，願離與否，一任夫之意思也。（明淸律鬪毆門、妻妾毆夫條）

現行律從淸末之舊。

此外元刑法志（姦非門）尙有男婦虛執翁姦（殺傷門，）諸妻故殺妾子，以

及（大惡門）諸妻魘魅其夫，從夫嫁賣之文是亦元代夫離婦之特別原因也。

（三）屬於夫方之原因　此指妻對夫請求離婚之原因而言，亦有左列數種：

（1）夫抑勒或縱容妻與人通姦　唐宋律無關此之規定。元刑法志（戶婚

門）有『諸受財縱妻妾爲娼者……離之。』『諸勒妻妾爲娼者……婦人歸宗。』

以及『諸夫妻不睦，夫以威虐逼其妻指與人姦者……離之』等規定。明淸律（犯

姦門、縱容妻妾犯姦條）有『縱容妻妾與人通姦……抑勒妻妾……與人通姦……

婦女不坐，並離異歸宗：』之規定。現行律從清末之文。

（2）夫逃亡至三年以上者　唐宋律亦無此項規定。元典章（戶部四嫁娶門）有女壻在逃，依婚書斷令兩離之事例；但不久對此事，只令有司教諭，不得斷離。大明會典（卷二十婚姻門）洪武二年令：夫逃亡過三年不還者，聽經官告給執照，別行改嫁。清律出妻條附例因之。現行律仍之。

（3）夫毆妻至折傷篤疾者　唐宋律（鬭毆門毆傷妻妾條）於此，亦僅科夫以較毆凡人減輕之罰，並不爲妻要求離婚之原因。元刑法志（鬭毆門）規定：『諸以非理毆傷妻妾者……並離之。』明清律（鬭毆門妻妾毆夫條）規定：『其夫毆妻，非折傷勿論；至折傷以上，減凡人二等（須妻自告乃坐），先行審問夫婦如願離異者，斷罪離異，不願離異者，……』是明清兩代，夫毆妻至折傷以上，雖可構成妻之請求離婚原因；但夫仍有願否之權。現行律從清末之律文。至民國成立，大理院始認此爲妻一方請求離婚之原因，不必得夫之同意也。（六年上字十八號判例。）

（4）夫典雇其妻者　唐宋律無此規定。元刑法志有『諸受錢典雇妻妾者禁之……』之規定；但不得認爲離婚之原因。明清律（婚姻門典雇妻女條）對受財典雇妻女與人爲妻妾者，除加以處罰外，並使之離異。現行律從清之舊。

（5）夫之祖父母父母非理相毆，致篤疾者　此爲元刑法志（鬪毆門）及明清律（毆祖父母父母條）之所定，清亡失其效力。

（6）夫因姦非罪被處刑者　中國歷來法律只認妻犯姦，夫可出妻；而於夫之犯姦（除與妻母姦外，）則不認妻有離婚之權。註三十八其原因雖多，而根本觀念，則在妻對夫應絕對守貞操；而夫對妻，無貞操之可言，此亦可謂爲中國禮教之產物。及民國成立十有五年，大理院始以判例認此爲離婚之原因。（十五年上字一四八四號。）數千年之陋習稍革，而尚未澈底矯正；蓋使夫縱犯姦，苟未被處刑，妻仍不得要求離婚也。

此外元刑法志（姦非門）尚有『諸强姦妻前夫男婦未成，及强姦妻前夫女

註三十八　元典章刑部三內亂門妻告夫姦男婦斷離條：『某所犯敗傷風化，瀆亂人倫，仰合與妻離異。』此例雖與妻母姦不同，然亦與凡姦有別，因其夫之所姦爲男婦也。

已成，幷杖一百七，妻離之；』及『諸翁欺姦男婦（不問已成未成，）男婦歸宗；』之規定；以及元典章（刑部三內亂門）有『翁戲男婦斷離』之例，又皆元代婦離夫之特別原因也。

綜觀上列離婚之原因，除共同原因外，則見法律對於妻之離婚權甚加限制；而於夫之離婚權，則甚爲寬縱。七出之條，除淫佚竊盜外，依近世文明國之法律無一可構成離婚之原因者；而在中國自周代迄今日，歷數千年而不變，此不特爲婚姻上之汚點，亦且爲社會上之障礙也。此外妻背夫而逃，夫可任意離婚，夫逃亡非至三年不還，妻不得請求離異；以及妻犯姦，夫可出妻，夫犯姦若未受處罰，妻仍不得離夫：種種不平等之情形，均足爲中國社會弱點之表現。惟南方諸省，在革命狀態之下，已將此類社會上弱點，多加補救矣。

（2）離婚與別居　離婚乃解除夫婦關係者也。異居，僅免除夫婦同居之義務，而夫婦關係並不因之而解除。別居之制，乃爲禁止離婚國家（如現時意大利、葡萄牙等國）所採行救濟之辦法。中國原來卽有協議離婚，且夫之出妻亦甚易，故別居之事，歷來法律無規定。現時判例已承認之（三年上字四六〇號。）

（3）離婚後夫婦間之撫養費　定婚後如退婚者，女家多返還聘財。（參看前面定婚段。）至成婚後而離婚者，則歷來法律除因婚姻之無效或撤銷而離婚者，有返還聘財之規定外；註三十九至於法定之離婚，均不見有類似返還聘財之撫養費之明文。其所以如此者，一因中國社會責備女子較嚴於男子之結果，於離婚時，大半認爲女子之罪過，所以不令男子負撫養費之義務；二因中國社會賤視女子之結果，每認女子爲其丈夫之所有物，此可徵之於法律上『出妻』或『嫁賣』之文而知。夫既視妻爲所有物，則關於離婚之事，與所有人拋棄所有物（如出妻時）或轉賣所有物（如嫁賣妻時）無異，雙方自不生撫養費之問題。現時大理院依近世文明國家民法一般之原則，認離婚由一造之故意或過失者，對他造應負撫養之義務，（三年上字一〇八五號判例；）若由夫構成者，則夫應給妻以相當之賠償或撫慰費至

註三十九　依明清律（男女婚姻條：）女再定他人，於成婚後仍以歸前夫爲原則；但後定娶之家，如不知情，得追還財禮。

給與之額數，則應斟酌妻之身分年齡而定。（八年上字一〇九九號判例。）

（4）離婚後子女之監護與給養　歷來法律無關此之規定。惟以中國之家族制度，男子爲家長，有統率家屬之權。母因離婚而去其家，僅失其個人家屬之資格；其子女仍不能脫其父之統率。現時大理院，亦認離婚後之子女以從父爲原則，以從母爲例外；並可由審判衙門代定監護人。（統字二二五號解釋例，及八年上字九五七號判例。）至子女之給養費，亦當歸父負擔。因現行判例認離婚後歸母監護之女，其嫁資，仍由父支給故也。（五年上字四〇九號。）

（二）夫婦間之關係

因婚姻而成爲夫婦矣：按文字上『妻者齊也，』以示與夫敵體之義，則夫婦間一切之關係，當屬平等；其實則未必然也。蓋中國原來之禮教，女子『既嫁從夫；』而『夫者妻之天也，』『婦人伏於人也，』亦爲禮經上所揭示之法則。註四十　後世學者又從而擴大之：如白虎通（漢班固著）嫁娶篇云：『夫有惡行，妻不得去者，地無

註四十　儀禮喪服傳曰：『夫者，妻之天也。』大戴禮本命解：『婦人，伏於人也。』

去天之義也。』又三綱六紀篇云：『夫爲妻綱，……婦者，伏也，以禮屈服。』曹大家女誡專心章云：『夫者，天也；天也天固不可違，夫固不可逃也。』夫旣比夫於天，又示婦人以屈服之義，則婦對於夫，只有終身屈服，以求夫之垂憐，決無對抗之權能，以謀與夫平等。後代之法律亦唯遵禮教與僞儒之說而爲之規定；數千年來夫婦之關係，只爲命令服從之關係，無平等之可言也。民國成立，雖於此略有改善，（如認夫犯姦被處刑者，妻得離婚，卽其一例；）然於數千年之惡習，頗有積重難返之勢。以下試分而述之：

（A）夫婦在刑法上之關係　吾國以前之法律，對於夫婦間彼此之犯罪，其處罰以不相平等爲原則。卽夫犯妻者，其處罰較夫犯一般人爲輕；而妻犯夫者則較妻犯一般人爲重。茲就歷代律例有關之條文略爲論列，以資參證。（本段所稱之唐宋律，應參看各該律毆傷妻妾條，及媵妾毆詈夫條。所稱之明淸律，須參看各該律妻妾毆夫條，及夫毆死有罪妻妾條。）

甲、夫對妻之犯罪：

一、毆傷　唐宋律夫毆傷妻者，減凡人二等處罰。元刑法志（戶婚門）夫非理毆傷妻者，以本段傷論；明清律夫毆妻非折傷勿論；至折傷以上，始減凡人二等論罪。此可見夫毆妻，通常較毆一般人減二等處罰。

二、殺死　唐宋律夫毆死妻者，絞；故意殺者斬。明清律夫毆妻致死者絞；但夫因妻之毆詈其祖父母父母，而擅殺死者，只杖一百。此蓋本於元刑法志（戶婚門）：『諸妻悖慢其舅姑，其父毆之致死者，杖七十七』而來也。此亦與夫毆死一般人之處罰不同。至夫過失殺妻者，則勿論，此為唐宋明清律之所同；而與過失殺一般人，依狀論贖者，亦有別。

乙、妻對夫之犯罪：

一、毆傷　唐宋律妻毆夫者徒一年；傷重者，加凡傷三等處罰。明清律妻毆夫者杖一百；折傷以上，加凡傷三等。此為妻毆夫較毆一般人加三等科罪之定例。

二、殺死　唐宋律妻毆夫致死者斬。明清律妻毆夫致篤疾者絞；致死者斬；故殺者凌遲處死。至妻過失殺傷其夫者，唐宋明清律均以減凡人二等科斷。

以上夫婦間同罪異罰之不平等關係，直至民國元年，暫行新刑律頒布後，始消滅其一部分。蓋依暫行新刑律之規定，雖僅就殺傷尊親屬者，加一等處斷，（參看後

註42;）而夫婦間之毆詈，仍搆成不平等之離婚原因，（參看前離婚段。）則係以前法律之遺產，而爲現行律所承繼者。

復次，中國歷來刑法，皆設緣坐之條，（坐罪問題略見前章（七）段。）夫有罪，妻多坐從；而妻有罪，止坐其身，（唐宋明清律賊盜門略同，）是又不平等之尤者。然亦本於『出嫁從夫』『婦人伏於人也』之禮教而來。

（B）夫婦在民法上之關係　刑法上不平等之關係，雖至民國消滅其一部；而民法上不平等關係，除離婚原因之不平等（見前述婚姻段）外，如夫爲婦服期年之喪，婦爲夫服三年之喪一端，起自商周之際，迄於現時，尚未廢除也。註四十一惟大理院依近世民法一般之原則，已爲夫婦間創設一二平等關係也。

（1）夫婦有扶養一方之義務　大理院判例，認爲父子祖孫兄弟夫婦互有扶養義務，（五年上字一一〇七號。）因此夫婦扶養之義務，立於平等地位矣。

（2）夫婦互有請求同居之權利　此亦爲民國五年上字四四四號判例所

註四十一　參看儀禮喪服，及後面之現行律妻爲夫族服圖。

明認；但關於夫婦同居之事，由夫作主，（七年上字三〇三號判例。）此蓋從近世多數國家之立法例，認妻以夫之住址為住址者。是亦夫婦居住權未躋於完全平等之域也。

（3）夫婦得互為監護人，並互有代理之權　依大理院判例，（十五年上字六一一號，）因心神喪失而為無能力人時，應由同居近親任監護之責。其所謂同居近親，先父後母，次及於妻，是妻得為其夫之監護人。至妻之代理夫權，亦為判例所認定；但僅限於日常家事耳（五年上字三六四號。）若夫之得為妻之監護人，並有代理之權，則以妻從夫權為中國特甚之情形，自無庸明文規定也。

此外夫婦間財產之關係，則詳於後面（妻之財產權段，）及第三章（母之處分財產權段，）姑不再贅。

（C）夫婦在訴訟法上之關係　吾國法典之編纂，雖成自唐代；惟既無民刑法典之分，又無實體法與程序法之別。民國成立，關於實體法之民法法典，雖未頒布；而屬於程序法部分之民刑訴訟法，則均於民國十年先後頒布。註四十二以下就現行之刑事訴訟條例，及民事訴訟條例而分述夫婦之關係。至歷代律例中所有相當或相反之規定，亦加以引論。

（1）刑事訴訟條例　在現行刑事訴訟條例上，夫婦可發生如左之關係：

（a）迴避之原因　依現行刑事訴訟條例之規定：被告人或被害人之一方，爲推事檢察官及書記等之配偶者，（無論已婚未婚，）該推事等應行迴避。（第三一條二款，三款，第四〇條，四一條。）元刑法志（訴訟門）有：『應合迴避者，許赴上司者陳之』之規定。明清律（訴訟門）有『聽訟迴避』條，規定頗詳。

（b）獨立告訴起訴或上訴　依現行刑訴條例之規定，關於告訴人起訴人（指私訴人）上訴人，均有相當之限制；惟夫婦之一方爲被害人，他方得獨立告訴或起訴註四十三（第二二〇條，三五九條；）並得爲他方被告之利益計，而獨立上訴。（第三七四條。）元刑法志（訴訟門）有：『諸婦人輒代男子告辨爭訟者，禁之；若

註四十二　民事訴訟條例於十年七月二十二日公布，十一年七月一日施行。刑事訴訟條例於十年十一月十四日公布，十一年一月一日施行。

果寡居及雖有子男爲他故所妨事須爭訟者，不在禁例』之規定，是元代不許女子獨立告狀矣。

（c）聲請停止羈押並選任辯護人　依現行刑訴條例之規定，夫婦之一方爲被告，他方得具保聲請停止羈押，（第八一條，）並得獨立選任辯護人。

（d）親告罪　刑律第二八九條之姦非罪，非本夫不得告訴，刑律第二九〇條之姦非罪，非婦女之尊親屬或本夫不得告訴。（刑訴條例第二三一條，一項，二項。）唯無夫犯姦非罪，非本婦不得告訴之規定，亦覺失其公平。唐宋律（鬪訟門）關於夫與妻妾之相毆，其處罰雖屬不公；但均須夫或妻妾告乃坐，則較爲平允。明清律（鬪毆門）亦同。至關於姦非罪，唐宋明清律均無須某告乃坐之文，故不得認爲親告罪。元典章（刑部七縱姦門）且有『通姦許諸人首捉』之例；他人之得告姦非罪，更無論已。

註四十三　現行刑事訴訟條例所稱之『告訴』係指被害人向檢察廳爲之；『起訴』係檢察官或私訴人向審判廳爲之。

（e）拒絕證言　夫婦（無論已婚未婚）之一方為被告，他方得拒絕證言。（現行刑訴條例第一〇五條。）漢律有『親親得相首匿』之文，（程氏漢律考卷三；）唐宋律（名例門）有：『同居相為隱』之條；明清律（名例門）亦有『親屬相為容隱』之條。元刑法志（訴訟門）有：『諸子證其父奴訐其主及妻妾弟姪不相容隱，凡干犯名義為風化之玷者，並禁止之』之規定，皆與此略同。

（f）夫婦互相告發之問題　唐宋元（刑法志）明清律，均有『容隱』之規定。故關於夫婦互控之事，除上述親告罪，及告謀反大逆叛罪外，概加禁止。註四十四依現行刑訟條例，夫婦間除親告罪外，並無禁止互為告發人之明文。

（2）民事訴訟條例　夫婦在現行民事訴訟條例上，亦可發生左列諸關係：

（a）迴避之原因　此與刑訟條例略同，（民訴條例第四二條，四三條。）元明清律有相當之規定，已詳於前。

註四十四　參看唐宋律鬪訟門，告期親尊長條，及告緦麻卑幼條。元刑法志訴訟門；明清律訴訟門，干犯名義條。

（b）代理訴訟　此與刑訴條例上之獨立告訴不同。蓋此之代理訴訟，依民訴條例之精神，夫婦一方代他方爲訴訟行爲者；設非法定代理人，均須經對方之委任，（第八四條，八九條。）惟前清末年所頒布之高等以下各級審判廳試辦章程，有『祖孫父子夫婦兄弟代訴者，毋庸具委任狀，』之規定，現已失其效力。元刑法志有相反之明文，見前頁。

（c）彼此間之訴訟　此指夫婦雙方均得爲己身之私權，以對方爲被告人之謂也。既與刑訴上親告罪，僅限夫爲告訴人者有別，亦與互相告發不同。蓋告發者，夫婦一方之所犯，非侵害他方之私權也。此項訴訟於婚姻事件程序，及親子關係程序中見之，如離婚，私生子之認知，卽其著者也。（民訴條例第六六八條，六六九條，六七二條，六九三條，六九七條等規定。）

（d）拒絕證言　此與上述之刑訴亦相同，（民訴條例第三六四條一款。）唐宋元明清律，均有相當之規定，見前頁。

（三）妻與夫家及本生家之關係。

（A）妻與夫家之關係　爾雅（釋親篇）云：『壻父爲姻，婦父爲昏。』又云：『壻黨爲姻兄弟，婦黨爲昏兄弟。』是以知中國之婚姻，不僅使男女發生夫婦之關係，並同時使夫婦之一方，與他一方親族間，亦生親戚之關係。現所欲論者爲妻與夫家之關係。妻與夫之關係，在中國原爲從屬之關係，（參看前夫婦間之權利義務段）；至妻與夫家親族生如何之關係，尤以對舅姑（卽夫之父母）之關係爲最不可不觀下列禮經上之記載：

禮記昏義：婚姻將合二姓之好。

禮記內則：子甚宜其妻，父母不悅，出；子不宜其妻，父母曰：是善事我，子行夫婦之禮焉，沒身不衰。

由上列之經文，吾人可知爲妻者，不特謀與其夫和睦，亦且負謀夫家與本身家和好之責任。進而言之，妻如與其舅姑不相宜，縱與其夫相宜，亦必被出，此所以七出之條，以不順父母爲首也。晉時有『拜時婦』重於『三日婦』之議，蓋以拜舅姑爲重，接夫爲輕也。（杜佑通典卷五十九。）以是知妻對於夫之父母，（卽舅姑）比對夫之關係，服從性，有過之無不及。故自唐律以來，妻妾毆詈夫之父母者，其罪較夫毆父母爲重，而舅姑毆男婦者，亦較夫毆妻妾爲輕。茲將有關之律文，論列如下，以資參證：

甲、妻毆詈夫之父母　唐律諸妻妾詈夫之祖父母，父母者，徒三年。（須舅姑告乃坐。）毆者絞，傷者皆斬，過失殺者徒三年，傷者徒二年半。（子孫毆詈祖父母父母之罪略重。）宋律全與唐同，明清律（毆祖父母父母條）大致與唐同；惟妻妾毆夫之祖父母父母，與子孫毆祖父母父母同罪。

乙、夫之父母毆男婦　唐律卽毆子孫之婦令廢疾者，杖一百，篤疾者加一等，死者徒三年，故殺者流二千里；妾各減二等，過失殺者各勿論（祖父母父母毆子孫之罪略重。）宋律全與唐同，元（典章刑部四殺親屬門，）明清律大致與唐同。

妻不特對於現時所從之夫之舅姑，有如上之關係；卽夫亡改嫁後，對其前夫之舅姑，亦復居於如是之服從地位：此亦爲唐宋明清律所明認。註四十五此外對夫之其他尊長卑幼之親屬，在刑法上亦有相當之關係。惟此等刑法上關係，於民國元年暫行新刑律頒布時，已大爲變更。註四十六至妻對夫家之喪服關係，自周代以迄今日，其間略有變遷。（a）茲將現行律中妻爲夫族服圖列後，以示妻與夫族服制之關係：

妻為夫族服圖

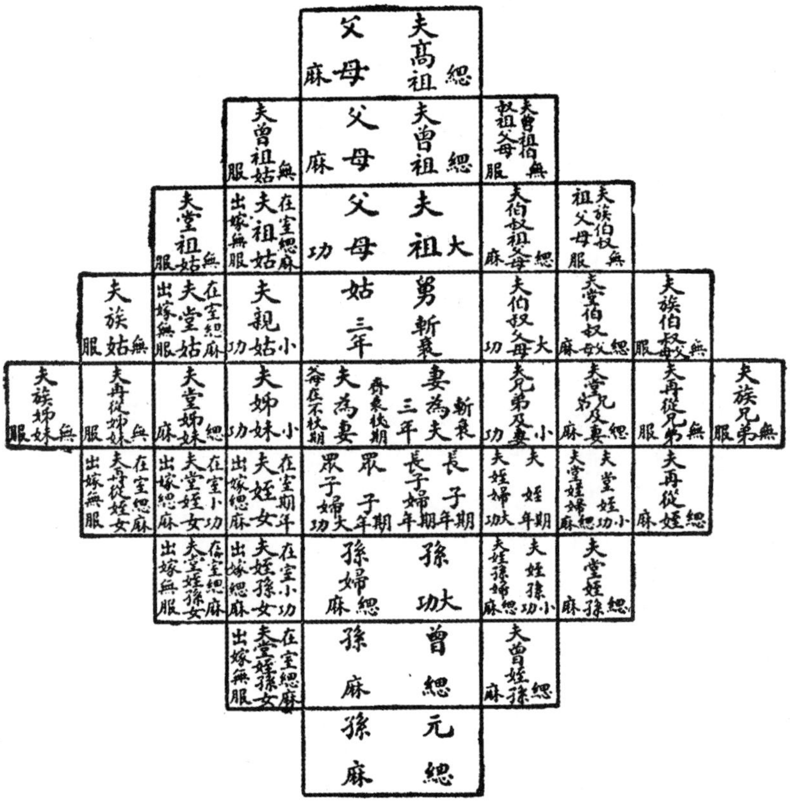

(a) 說明 妻原為舅姑服齊衰不杖期,(儀禮喪服)唐代令婦為舅服斬衰三年;宋太祖時改為舅服斬衰三年,為姑服齊衰三年;明代始為舅姑同服斬衰三年,(徐氏讀禮通考喪期表,)迄今未變。

（B）妻對本生家之關係　女子『在家從父，出嫁從夫。』故於適人之後，與夫家發生密切之關係；而於本生家之關係，較前爲疏。其權利義務，較之在室女亦有不同。試爲分述之：

（1）權利方面　在室女於戶絕時，得承受家產，已見前章（女子與繼承段）所述。

女於出嫁之後，則於本生家戶絕之時，僅能承受一部分家產。唐宋時戶絕財產，除營葬功德之外，出嫁女只得三分之一，其餘入官；但女子被出及夫亡無子，並未分得夫家財產，還居父母家者，仍可承受全部家產。關於死商財物，在室女固可全數領受；而出嫁女則不得領受。註四十七元代亦以戶絕財產三分之一，歸出嫁女承受，餘二分入官爲例。註四十八明清律只有親女受絕產之規定，而無關於出嫁女得三分一之

註四十五　參看唐宋律鬬訟門妻妾毆詈故夫父母條；明清律人命門謀殺故夫父母條。

註四十六　暫行新刑律，只對殺傷尊親屬（祖父母高曾同，父母妻與夫同。）者加一等處斷（參看三一二條，三一四條，三一七條，三二一條，三二三條，三三五條。）

明文；然從法制之沿革上解釋之，可從宋元時代之例也。現時關於出嫁女，對絕戶財產，應受全部或一部，亦無明文。

（2）義務方面　從權利方面言之，出嫁女對本生家固不及在室女之優越；然就義務方面言之，出嫁女亦較在室女爲輕也。民國未成立以前，刑法上緣坐之罪，在室女有時不能免，（見上章女子緣坐之問題；）而出嫁女自魏正始中卽不從坐矣。註四十九民法上服制之關係，出嫁女亦與在室女不同，此其情形迄於現時，尙如是者也。茲將出嫁女爲本宗降服圖列後，以便與第一章在室女爲本宗九服圖比較也。

註四十七　參看宋律戶婚門戶絕資產條，及死商財物條准文。

註四十八　參看元典章戶部五家財門戶絕有女承繼條內容。

註四十九　參看本節前注（八）

出嫁女為本宗降服之圖

		高祖父母 齊衰三月		
		曾祖父母 齊衰五月		
	祖姊妹 在室緦麻 出嫁無服	祖父母 期年	祖兄弟 緦麻	
父堂姊妹 在室緦麻 出嫁無服	父姊妹 在室大功 出嫁小功	父母 期年	伯叔父母 大功	父堂兄弟 緦麻
堂姊妹 在室小功 出嫁緦麻	姊妹 在室大功 出嫁小功	己身	兄弟 大功	堂兄弟 小功
堂姪女 在室緦麻 出嫁無服	兄弟女 在室大功 出嫁小功		兄弟子 大功	堂姪 緦麻

（四）妻之財產權

中國古來不特為妻者不得有私財，（禮記內則云：子婦無私貨，無私畜，無私器）；即為夫者，當其父母存在時，亦不得有私財。此可徵諸禮記曲禮之文：『父母存……

不有私財』而知之。後代之法律，均有私擅用財之規定，亦不外維護此旨。且中國向來習慣，認夫婦爲一體，夫婦之財產不劃分；甚至明係妻因婚嫁所得之財產而亦認由夫家主持。如大明會典（卷十九戶口總數）及清律（戶役門立嫡子違法條附例）均認孀婦改嫁，其原有妝奩，聽夫家爲主，卽其顯例。故中國數千年來，妻無財產權之可言，妻之財產，不啻爲夫之所有，一任夫之受益與處分也。及民國成立，大理院始認妻得有私財，（二年上字三三號判例；）並認妻之財產，不因離婚而喪失。（四年上字一四〇七號判例。）至是可謂妻之財產權，入於萌芽時代矣。蓋妻就其私產行使權利，尙受夫權之限制（二年上字三五號判例，）其名義上雖有財產所有權，而實際上無完全處分權也。且夫婦財產不分明時，推定爲夫所有，（七年上字六六五號判例，）是亦妻之財產權受有影響者。

妻於夫亡之後能否承受夫之財產。此在歐美文明國，多認夫死亡後，妻有承受其一部財產之權，如英國，卽其一例。中國以『夫死從子』爲禮教之大法，故夫死而有子者，其遺產仍歸子承受。（四年上字六一四號判例。）卽夫死無子者，守志之婦，在法律上雖有『合承夫分』之明文；註五十 依大理院判例，亦不過認爲代應繼人承受夫產而爲管理，並非該財產承受人。（四年上字五六七號。）如此以言，妻於夫之財產，無論夫死後，有子與否，均不得承受也。

（五）妻之行爲能力與侵權行爲

（A）妻之行爲能力　女子『出嫁從夫，』既爲中國數千年來之禮教，故其行爲能力，亦自受其夫權之限制：此雖歷來法無明文，而實際上之習慣確如此也。民國成立以來，大理院認妻就其私產行使權利，亦受夫權之限制，（二年上字三五號判例；）除日常家事外，處分私產，應得夫之允許，（七年上字九〇三號判例；）且受他人贈與，亦應得其夫之許可，（八年上字八五號判例。）此可見妻之行爲能力，極受限制矣。

（B）妻之侵權行爲　此所謂妻之侵權行爲者，指妻對第三者所爲之不法侵害，應由其本身負責或由其夫代爲負責之謂也。此歷來法律亦無明文而實際上

註五十　參看大明會典卷十九戶口總數末段，淸律及現行律戶役門立嫡子違法條附例。

之習慣，則由夫代妻負賠償之責。在中國爲妻者，處處立於夫權之下，任其束縛與干涉；妻有侵權行爲，無論其原因若何，統由其夫負責，於情於理並無不合。此固不得以英人格里布爾之論旨來相責也。註五十一

（六）婦人再嫁與貞操問題

中國古來婦人，被出或夫亡之後，若再嫁他人，原不生貞操之問題。禮記（郊特牲）上雖有『故夫死不嫁』之文，究無若何之效力；蓋孔子之子伯魚卒，其妻嫁於衞。（禮記檀弓子思之母死於衞注。）晉出子重耳奔狄，將適齊，謂季隗曰：『待我二十五年不來而後嫁，』（僖公二十三年左氏傳。）可見春秋時女子不特於其夫死之後可以改嫁，卽其夫久別不歸，亦得改嫁，且當時對改嫁者亦不聞有失禮之譏。及秦時，始皇會稽刻石有：『有子而嫁，倍死不貞』之記載。（參看第五章姦非罪成立

註五十一　英人格里布爾之論旨畧謂英國婦女旣與其丈夫立於平等之地位，其所爲一切之不法行爲須由其夫負責，未免失其公平。（詳見法律評論第一百七期，外國法制新聞，英國婦女在民法上之特殊地位。）

之時期段。）蓋承春秋戰國淫亂之後，特認夫亡再嫁爲不貞，設法以爲之限；然亦指有子之孀婦言也。漢時曹大家女誡復倡：『禮夫有再娶之義，婦無二適之文。』是秦漢之世女子再嫁，漸成社會注目之事矣。至宋儒程頤倡『餓死事極小，失節事極大』（近思錄）之說；朱子與陳師中書亦認其說爲不可易。（朱子全書。）自此以後，社會上對於女子再嫁者，無不存賤視之心理。繼之元明清三代，封爵之典不及失節之婦，（指夫亡改嫁者；）而夫亡不嫁，反可享旌表之榮。（均見第四章封爵旌表段。）於是社會上一般人士，咸以家有節婦烈女相誇耀，尤以『士大夫』階級爲特甚。故夫死不嫁之風，可謂成於宋元之際，而盛行於明清二代也。

至女子其他一般之貞操問題，如處女及有夫之婦應守貞節，或與再嫁之問題同時發生，亦當在秦漢之際，經宋儒理學家之提倡，加之元明清三代法制之干涉與獎勵，遂成爲『天經地義』之良俗。

民國以來，有新青年派諸君如胡適之周作人等，對於婦女之貞操問題，加以澈底之討論。略謂貞操非可偏責於婦女之一方；再嫁與否，應視個人之意志，外人不得加以干涉，（詳見新青年五卷一號二號。）社會上之觀念，始爲之一變也。

第二節　妾

中國婚姻制度雖採一夫一妻之制；而妻之外可有妾，此其情形，或當上古五帝之時，已如此矣。註五十二惟妾之名稱，首見於禮記曲禮，（見本章註1。）故可謂妾制之確然成立，至遲亦當在三代之時。欲知妾之地位若何，不可不察以下諸端焉。

（一）妾之性質

禮記內則『奔則爲妾，』注云：『妾之言接也，聞彼有禮，走而往焉，以得接見於君子也。』白虎通：（嫁娶篇）『妾者，接也，以時接見也。』漢劉熙釋名釋親屬：『妾，接也，以賤見接幸也。』此從文義上言之，妾爲賤者，以侍奉其夫爲事，與上述『妻者齊也，與夫齊體』不同。後代之法律，率多遵此而爲之解釋。如唐律戶婚門以妻爲妾條，疏議曰：『妻者，齊也，秦晉爲匹，妾通買賣，等數相懸。』清律妻妾失序條註：『妻者，齊也，與夫齊體之人也；妾者，接也，僅得與夫接見而已。貴賤有分，不可紊也。』由此觀

註五十二　參看第二章婚姻要件段，一夫一妻之原則。

之，妻處於與夫齊身同體之地位；妾不過接近其夫，侍側而已。故妾有側室，偏房，副室，如夫人，次妻，下妻，二相公，娘，小家眷等之別稱。註五十三

（二）妾媵之分

媵妾二者，古時本有分別，其不同之點，約有二：

（A）來源之不同　媵之名稱，亦見於三代之禮經。儀禮士昏禮：『媵御沃盥交；』注：『媵，送也，謂女從者也。』又『雖無娣媵先；』注：『古者嫁女，必姪娣從，謂之媵。』爾雅釋言亦云：『媵，送也。』春秋莊公十九年，公羊傳：『媵者何？諸侯娶一國，則二國往媵之，以姪娣從。』春秋成公八年，冬，衞人來媵；杜注：『古者諸侯娶嫡夫人及左右媵，各有姪娣，皆同姓之國。』於此可知媵係隨嫡夫人婚嫁，而送往夫家者，或爲嫡夫人之姪娣，或爲同姓國之女。註五十四若妾，在禮記曲禮云：『買妾不知其姓，則卜之。』又內則云：『奔則爲妾。』可見妾或由買賣，或由私奔，既非隨嫡夫人而往，又非

註五十三　參看支那法制史研究（東川德治著）三五四頁；并俞正燮癸巳類稿（卷六）釋小補楚語并內則總角義。

由他國所送者。

（B）身分之不同　妾既由買賣或奔往而接近於夫，故通常係賤者，其身分不能與媵相等。如曲禮：『國君不名卿老世婦』注：『世婦，兩媵也，次於夫人而貴於諸妾也』儀禮喪服：『貴臣貴妾』注：『貴妾，姪娣也。』夫姪娣爲媵，媵爲貴妾，而貴於諸妾，自古已然。唐律關於妾媵之規定，亦見其身分有貴賤之殊；如鬬訟門媵妾毆詈夫條：註五十五

卽媵及妾詈夫者杖八十；若妾犯妻者，與夫同；媵犯妻者，減妾一等；妾犯媵者，加凡人一等；殺者各斬。

（餘條媵無文者，與妾同。）

同律戶婚門以妻爲妾條，疏議：其以媵爲妾，……宜依不應爲重合杖八十。以妾爲媵，……只科違令之罪。

註五十四　春秋成公八年左氏傳：『凡諸侯嫁女，同姓媵之，異姓則否。』杜預亦宗左氏說。（見本段正文。）唯何休及啖趙二氏，對左氏異姓不媵說有難辭。（見五禮通考婚禮篇。）

註五十五　本條疏議曰：依令五品以上有媵，庶人以上有妾。

媵妾之身分，既有貴賤之殊，故其服制，亦有等級。唐六典（卷四禮部）規定：

親王孺人服依本品五品以上，媵降妻一等，妾降媵一等。

宋律全與唐同，是媵妾之區分，宋時尚如此。自是以後，元明清之法律皆不見有此區別。然明律（名例卷一應議者犯罪條附例）尚見妾媵之連稱；而清律則不見媵之名。蓋媵制久廢，今存者唯妾之弊制耳。

（三）納妾之目的與限制

（A）納妾之目的　中國婚姻之目的，在上以祭祖先，下以續後世。（參看前節註21。）又懼正室一人或不能生育，以致後嗣斷絕，祖先仍有不血食之憂，故於正室之外，特許納妾，以謀子孫之繁殖，而保男子之血統。是以白虎通（嫁娶篇）云：

天子諸侯一娶九女何？重國廣繼嗣也。……九而無子，百亦無益也。……大夫功成受封，得備八妾者，重國家廣繼嗣也。……卿大夫一妻二妾者，尊賢重繼嗣也。

春秋成公八年胡傳亦云：

諸侯有三婦，凡一娶九女，所以廣繼嗣也。

後代之法律亦有以繼嗣爲原因，而聽人民納妾者。如明律婚姻門妻妾失序條規定：『其民四十以上無子者，聽娶妾，違者笞四十。』此從反面『無子者聽娶妾』觀之，卽可知納妾之目的原爲繁殖子孫，防血統之斷絕也。

（B）納妾之限制　納妾之目的，旣爲廣繼嗣，承男系之血統，則不能不因納妾者階級（貴賤階級）之不同，而加以限制。卽貴者愈多，其數或不可考；而賤者愈少，其數甚至於無也。周代天子之後宮，達一百二十人之多；而妾之數尙不與焉。註五十六春秋之時天子一娶十二女：三夫人九嬪；諸侯一娶九女：一妻，八妾；卿大夫一妻二妾；（功成受封者亦得備八妾，見上述白虎通；）士一妻，一妾；庶人則無備妾之文。註五十七惟孟子云『齊人有一妻一妾；』戰國策云：『楚人有二妻』是戰國之時，庶人亦有妾矣。漢初因秦之稱號，天子之妾皆稱夫人（馬端臨文獻通考卷二五三帝系考四）其數未有定制；但奢侈之君後宮竟達數千人而當時侯王及士大夫，亦多

註五十六　漢蔡邕獨斷：周人上法帝嚳，正妃有九人，爲八十一，增之合百二十人也。（卽三夫人，九嬪，二十七世婦，八十一御妻。）曲禮：天子有后，有夫人，有世婦，有嬪，有妻，有妾；陳註：妾之數未聞。

濫置姬妾；富民亦得蓄妾數十人。東漢稍爲限制；而皇子封王，尙可取小夫人四十人。註五十八降及後世天子宮女諸侯妻妾，莫不視人主之驕淫節儉爲轉移。晉代有令：諸王娶妾八人，郡王侯妾六人；官品令第一二品，有四妾；第三第四有三妾；第五第六有二妾；第七第八有一妾（後魏元孝友表所引。）此亦因階級而設之限制也。唐代法律雖多關於妻妾身分之規定；而於納妾之數，未聞有限制。明律於王公之選媵妾，皆設有定額；而於庶人之娶妾，亦附以『四十以上無子』之條件。註五十九淸律因明之

註五十七　漢蔡邕獨斷：『天子取十二女，象十二月；三夫人，九嬪；諸侯一娶九女，象九州，一妻八妾；卿大夫一妻二妾；士一妻一妾。』白虎通嫁娶篇略同。春秋莊公十九年公羊傳：『諸侯一聘九女；』成公八年胡傳：『諸侯有三婦，……凡一娶九女，而諸侯一娶十有二女，則是以欲敗禮矣。』可見十二女九女之制，爲春秋時之通例。

註五十八　西漢會要卷六：武帝時又多取好女至數千人，以塡後宮。……故使天下承化，取女皆大過度，諸侯妻妾或至數百人；豪富吏民蓄歌者至數十人。東漢會要卷二：武元之後，乃至掖庭三千，增級十四；皇子封王，妾數無限，別乃設制，正嫡曰妃，取小夫人，不得過四十人。

舊，於庶人之納妾，並無類似明律之條件，蓋取放任主義也。故至末年，不特士大夫納妾，漫無限制；卽庶人之富者，亦得置妾數人。此風迄現時而勿革，女權之蹂躪爲日久矣。

（四）納妾與婚姻要件

正式之婚姻，必具備實質上之要件，與形式上之要件，而後夫婦之關係始可以成立，此已見前節所述。至納妾是否須具備此項婚姻之要件，可爲分論如下：

（A）實質上之要件　正式婚姻之實質上要件，如同姓不婚，及其他違律嫁娶之限制，卽娶妾亦須具備。蓋禮記曲禮云：『取妻不取同姓，故買妾不知其姓則卜之』：可知同姓不婚，禮經上卽兼指妻妾而言；後代之法律，亦復如是。註六十　其他違律嫁娶之限制，若居喪嫁娶，娶逃亡婦女等，歷代法律多兼就妻妾二者規定之；不過有時對於取妾違背法定之限制者，常處以較輕之罰，以其視妾之身分爲賤故也。至

註五十九　明律名例門附例：各處親王妾媵，許選奏一次，多者止於十人；世子及郡王額妾四人；長子及各將軍額妾三人；各中尉額妾二人；……庶人四十以上無子，許選娶一妾。

適婚年齡一層，周代之禮經，及後代之法制，皆係就夫妻雙方規定而無關於娶妾年齡。但明代庶人須過四十以上，郡王世子等須經過選婚後年達二十五歲（參看前註59）始可選妾。此自爲明代之特別規定，然此亦僅關於夫納妾之法定年齡；至妾方之年齡仍無明文。故關於娶妾之適婚年齡，歷代法制上既無劃一之規定，（明代除外；）而按之實際上，則男子娶妾之年齡，通常較娶妻爲高，（納妾既在廣繼嗣，故多於成婚後，妻無子者始娶妾；）而妾之年齡每較妻之年齡爲低。（亦係欲其年輕，多生子息也。）在現時中國之社會，或有年達六十以上之男子，而納十四五歲之幼女爲妾者；其年齡之相差，極其懸殊。卽在古代，孔子之父叔梁紇與顏氏女野合而生孔子，（史記孔子世家。）此或以當時叔梁紇年過六十，而顏氏次女徵在年尙未達二十，不得爲正式之夫妻，故謂之『野合，』亦未可知。又國語有：『童妾未齔（男八歲女七歲）而遭之，既笄（十五歲）而孕……』之記載；此可見妾之適婚年齡（自七歲以上至十五歲）較妻（自十五以上至二十歲）爲低也。因此娶妾之實質上要件，

註六十　參看唐宋律同姓爲婚條問答；明律同姓爲婚條纂註爲婚兼妻妾，淸律同條附註同。

略與妻同，而婚年一層，則未盡一致也。

（B）形式上之要件　正式婚姻之形式要件，在周代爲『六禮，』近代爲定婚與迎娶，（參看前節婚姻之儀式段；）苟缺其一，則婚姻不成立。註六十一娶妾似不以具備此等要件爲限。蓋禮記內則云：『奔則爲妾；』曲禮云：『買妾不知其姓，則卜之；』奔者，指不備禮而言，買者應否具備若後代之契約要件，在當時不可考，古代社會單簡，契約未必要也。後代如唐之戶令（唐律同姓爲婚條疏議所引）有：『娶妾仍立婚契』之規定，此亦指聘娶而言，非指買賣也。由此以言，則妾之因奔或買者，古無須形式上之要件；卽後代因聘娶而納妾，亦只須具備婚契，如正式婚姻之婚書（形式要件之一）而已，其他儀式，亦可不備。唯後代由買賣之方式而納妾者，亦當以財物之授受及作成契約爲要件也。

（五）妾與夫及其親屬之關係

註六十一　在周代亦有略式之婚姻，不必備六禮者：如周禮地官：『媒氏中春之月，令會男女，於是時也，奔者不禁，』是也；然此後儒，多以爲荒年不備禮。

（A）妾與夫之關係　妻對夫原爲命令服從之關係，（見上節夫婦間關係段；）而妾對夫之服從尤甚。蓋妻對夫稱之曰夫，妾原稱夫曰君，後改稱曰家長。註六十二 夫對妾之權利，較對妻爲重；而其義務則爲輕。如妾對夫喪服之義務，與妻同爲服斬衰三年，此其情形迄今未革。而夫對妾初則有子爲之緦，（三月之喪，）無子則已；後世無論有子與否，均無報服，註六十三即其顯例。歷代之法律，關於夫妾間彼此之犯罪，其處罰之輕重懸殊，較夫妻間之犯罪爲尤甚。茲仍就歷來律例有關之條文，略加論列，以資比較：（參看前夫婦在刑法上之關係段）

甲、夫對妾之犯罪：

一、毆傷　唐宋律夫毆妾折傷以上，減妻二等。明清律略同。此與夫毆妻減凡人二等不同，蓋減凡人四等矣。

註六十二　儀禮喪服：妻爲夫，傳曰：『夫至尊也』；妾爲君，傳曰：『君至尊也。』（註：妾謂夫爲君者，不得體之，加尊之也。）至明代妾對夫改稱家長。（徐氏讀禮通考卷一。）

註六十三　禮記喪服小記：士妾有子而爲之緦，無子則已。及明代以後，始無報服。

二、殺死　唐宋律（疏議）夫殺妾者，減凡人二等；過失殺勿論。明清律夫毆妾致死者，杖一百，徒三年，過失殺者亦勿論。此與夫殺死妻之處罰亦不同。

乙、妾對夫之犯罪：

一、毆傷　唐宋律媵妾傷夫者，加妻一等，而入於死罪；明清律亦同。此較妻爲加一等，而較凡人則加四等矣。

二、殺死　媵妾毆夫，已加入死罪；故妾殺死夫者，歷來法律，別無可加之文。此從刑事政策言，可謂奬勵爲媵妾者既毆夫，則不如殺之也；但過失殺傷，各減二等。

以上不平等之關係，民國成立，仍有一部分存於現行律中，（鬪毆門。）此外尙有離婚一事，妾亦立於極劣之地位。卽夫離其妻者，除有其他原因外，必須妻犯義絕或七出者，方可；不然則有處罰。（參看唐宋明清律出妻、義絕各條。）至夫離妾之原因若何，歷來法律，均無明文；故事實上，夫可任意休棄其妾，或轉送與他人。（轉送妾事，在宦場中爲最多。）現時大理院亦認家長與妾解除契約，不適用離婚之規定。（五年上字八四〇號判例。）蓋原吾國之習慣，妾多由買賣而來，直與家長之所有物無異，此不特爲女權之障害，亦人道之大妨！

（B）妾與妻之關係　依前述妾之性質觀之，已見妾與妻之身分不平等，卽妾之身分較妻爲賤。原來妾稱夫之正妻曰『女君。』劉熙釋名釋親屬，『夫爲男君，故名其妻曰女君也。』此可見妾對於妻，與對於夫同有服從之關係。又儀禮喪服『妾之事女君，與婦之事舅姑等，』此亦示妾對妻立於服從之地位。故妾爲妻服期年（齊衰不杖）之喪，而妻無報服，爲古今之通例。註六十四因此妻妾間彼此之犯罪，其處罰亦以不平等爲原則。如唐律毆傷妻妾條：『若妻毆傷殺妾，與夫毆傷殺妻同，』此爲妻犯妾，減輕處斷之規定；又媵妾毆詈夫條：『若妾犯妻者，與夫同，』此爲妾犯妻，與妻犯夫同，加重處斷之規定。宋明清律均與唐略同。現行律則又從清末之律文也。

妾之身分既較妻爲賤，則以妾爲妻，或以妻爲妾者，爲歷代之所通禁。註六十五但

註六十四　參考儀禮喪服：『妻爲女君，（傳曰：何以期也？妾之事女君，與夫之事舅姑等。）』及歷代律例服制圖。

妻死之後，妾可改正爲妻，在古代或認爲通例；如禮記雜記所謂：『攝女君，』左傳所謂『嫡死媵攝』是也。後代之律例，對此仍稍加限制，如明律妻妾失序條備考：『妻亡以妾爲正妻者，問，不應改正。』所謂問者，卽問其罪，惟不如妻在時之必須改正也。清律妻妾失序條輯註：『或妻不在，而以妾爲妻者，罪應稍輕，仍改正。』此與明律不同。其實妻不在時，以妾爲妻之事，淸末卽已甚行，通稱曰『扶正。』現大理院已明認妻不在者，得以妾爲妻，（六年上字八九六號判例；）並認以妾爲妻亦無須一定之儀式。（八年上字三八九號判例。）

（C）妾與家長親屬間之關係　中國習慣，妾通常與正妻同居於家長之家內，（問有與正妻不睦而別居他所者。）其與家長親屬間之關係，頗與正妻相似。現時大理院已明認妾爲家屬之一員，與其他家屬同受相當之待遇。（七年上字九二

註六十五　春秋僖公八年公羊傳譏以妾爲妻也。孟子告子下：『子無以妾爲妻。』漢律有『亂妻妾位』之條，（程樹德漢律考卷四。）晉書五行志屢見『以妾爲妻之罰也；』『以妾爲妻之應也，』之文。唐宋律設『以妻爲妾』條。明淸律設『妻妾失序』條。

二號判例。）但妾旣較妻爲賤，其對家長親屬間之關係，究不若妻之親密。如妾對家長祖父母父母服小功及期年之喪，自與妻對夫之祖父母父母服期年及三年之喪者有別；而夫之父母，對妻有期年之報服，對妾則無。（妾之服制歷代亦略有變更，參看後附妾爲家長族服圖。）至妾之有子者，可取得庶母之身分，並撫養或哺乳他妾之子而取得慈母，或乳母之身分者。除慈母外，餘皆不能與嫡母之身分相抗。（見第三章所述。）現時暫行新刑律補充條例（民國三年頒布）雖有稱妻者，於妾准用之明文（第十二條；）然僅指妾犯罪時，准用關於妻或有夫之婦之律文而言；不得謂其與妻對於夫之家族，有同一之關係，如被繼人之妾，不得視爲所後之親，（九年上字二一四六號判例，）卽其明證。

此外娶妻可使男女之一方，得與他方之親族間，發生親族之關係，（見上妻與夫家之關係段。）唯娶妾則僅發生片面之親族關係，妾與家長之親族間；而家長對於妾之本生家，不發生親族之關係。此可從歷代律例，服制圖中，有妻親服圖，而無妾親服圖，推知者也。其根本原因，乃在妾之由於買賣者居多數焉。

（六）妾之行爲能力

妻之行爲能力，以服從夫權之故，極受限制，已如前節所述。妾既服從家長之正妻，故其行爲能力之受限制，較妻更甚。妾對於親生子所享之親權，且受正妻（即嫡母）優先權之限制。（見第三章嫡母生母二段）又妾應受正妻之監督，乃民國以來之判例（六年上字八五二號）所明認。因此妾雖得有私財，（四年上字二〇五二號判例，）並可受夫之贈與（十年上字五三九號判例，）畢竟其處分權，甚薄弱焉。妾於夫亡故後，無子者無獨立擇繼之權，並不能援用『合承夫分』之律（六年上字一八四號，四年上字一九八八號判例。）凡此皆妾之行爲能力，遠不逮於妻者也。

附妾爲家長族服之圖

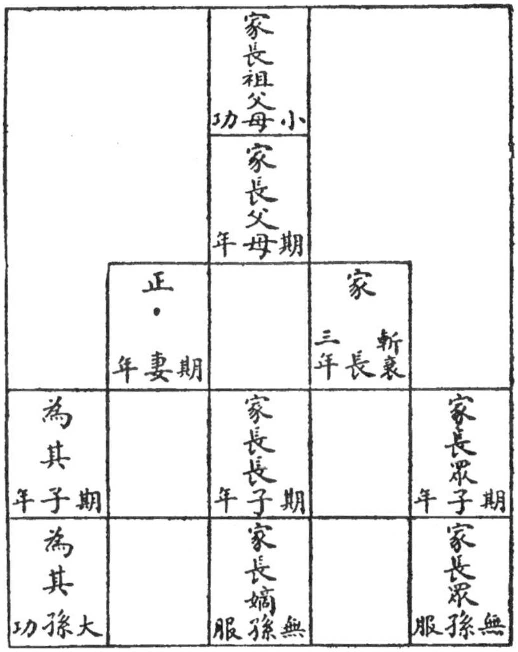

說明　妾原爲家長父母無服，爲家長長子服齊衰三年，（儀禮喪服）及明代始改爲長子服期年；並增爲家長父母之服。（徐氏讀禮通考喪期表。）延至今日，尚如是。

附論童養媳

養女之目的，有爲配自家男子者，已見前章附論養女段；是童養媳似係養女之一種。其與養女不同者，卽在養女無同姓異姓之限制；而童養媳必須係異姓或不同宗者。因同姓（或同宗）不婚，爲中國數千年來之通例故也。

養女之方式有由於買賣者，有由於讓與者；而童養媳除女家貧窮，出於買賣者外，多由聘定。徵之元刑法志（戶婚門）『諸以童養未成婚男婦，轉配其奴者，笞五十七，婦歸宗，不追聘財』之文可知。蓋聘定之後，設女之父母一旦亡故，其年齡甚幼，不能成婚；又無其他祖父母，或伯叔父母，爲監護人時，自不得不由男家收養也。

童養媳在男家雖未成婚，而其地位與已婚婦相似。若離婚之原因，及孀婦改嫁之規定，均適用於童養媳，此亦與養女不同之一點。

觀上述各端，童養媳之性質，及地位，均與養女不同，而與已嫁婦之地位頗相似；所異者，只與其未婚夫未發生實際上夫婦之關係耳。中國社會一般之習慣，多虐待男婦，而鍾愛親女。因此養女在養家頗受與親女相當之待遇；而童養媳則常受非常之虐待。故養女之風可不革，而童養媳之制則須廢除也。

第三章　爲人母之地位

中國關於『母』之名類甚繁。考元典章（卷三十禮部三喪禮門）有三父八母之圖；清徐乾學讀禮通考（卷三）駁之而訂爲五父十三母之圖。所謂八母者，卽嫡母，繼母，慈母，養母，出母，嫁母，庶母，乳母是也。所謂十三母者，除上述八母外，尙有本生母，生母，所後母，從繼母嫁，五者是也。徐氏之論甚精當，特依其說，分類而述之。

（一）母

父母，乃對於子女之通稱也。旣爲人母矣，則其對所生子女之關係如何？是不可不知者。依中國之禮教，則慈孝二字代表父母與子女之關係，卽大學所謂：『爲人子止於孝，爲人父止於慈』者是也。至權利義務之關係，乃晚近自歐西傳來之法律上用語。中國前此不特於父母子女之間，無此觀念；卽其他親友之間，亦不存此觀念。茲就中國往昔之禮教，及最近之法例，而一論母與子女間之親子關係也。

（A）母對於子女之權力與責任

（1）教養懲戒之權　父母對於子女之教養懲戒權，爲近世列國法律所通有之規定。中國古昔關於教養子女之方，多詳於禮記一書。內則云：『子能食食，教以右手；能言，男唯，女兪；男鞶革，女鞶絲。六年，教之數與方名。』此當男女六歲之時，對之所施共同之教育。七年以後，男女不同席，不共食，則分而教之。（男女之教各異，詳見內則。）關於此項家庭之教育，在當時或爲母親者，擔任大半。蓋『男不言內，女不言外』爲當時男女分工之原則。如戰國時，孟子之母因教子而徙宅斷織（事見列女傳與韓詩外傳，）後世遂目之爲賢母。所以目其爲賢母者，貴其能教養子女也；不過以前權利義務之觀念未熾，母對於子女無所謂權力與責任也。卽父母懲戒之權，原多私行懲戒；至以子不孝而聲請官廳懲罰者，亦有之。

（2）主婚權　從中國之禮制法律兩方面觀之，通常以父母爲子女之主婚人，（見上章婚姻段。）足見父母對於子女，均有主婚權。惟父母既各有此項權利，孰爲優越？歷代法律無明文；但從中國之禮教言之，女子有三從之義，而無專制之道，母權自不能優於父權。故自民國以來，大理院之判例，認父母俱存時，母不得返於父之意思爲子女主婚，（九年上字七七六號；）如由母單獨主婚，父得撤銷之，（八年上字一三八八號，）此亦男女不平權之一端也。至隨母改嫁之女，則由母主婚；出母可依特約爲其女主婚，此爲例外之情形。（三年上字四三二七號，七年上字三〇四號判例。）

（3）管理財產權　禮記曲禮載：『父母存……不有私財；』而歷代法律又有『卑幼私擅用財』之規定：此一方爲卑幼於父母存在時，不得有私財之徵；一方與近代法律承認父母對於子女之財產管理權頗相當。民國成立，大理院亦認此項權利，先及於父，次及於母。（三年上字六一六號判例。）

（4）限定居所權　觀前段所述孟母徙宅之事，亦可謂爲中國往昔母限定子女住所之權。現大理院亦有判例承認之。（五年上字八四三號。）

（5）受扶養之權利　中國關於子女之奉養父母一節，包括於『孝』字內。而『孝』之函義亦極廣汎，如論語中孔子答孟懿子問孝之無違，答孟武伯問孝之父母唯其疾之憂，答子游問孝之『敬，』答子夏問孝之『色難，』是所謂孝者，初不在奉養之一端，卽以奉養而論，亦貴養親之志而不貴養其體，註一 此爲中國數千年來之禮教，而一般人民亦視之如常，而成爲重要之習慣者。唐律名例一、十惡條七曰：不孝；而供養有闕，亦爲不孝之一。又鬪訟門子孫違反教令條規定：

諸子孫違反教令及供養有闕者，徒二年。（謂可從而違，堪供有闕者，須祖父母父母告乃坐。）

宋律全與唐同。明清律除列不孝於十惡外，亦於訴訟門內有子孫違反教令之規定。現行律仍清末之律文。

（B）立嗣權與處分財產權

在中國立嫡與立嗣不同：立嫡者，係指無嫡子，立庶爲嫡之謂也；立嗣者，指己無子，立同宗者之子，以爲後之謂也，故又謂之立後。立嫡與立後，均爲中國禮教及法律

註一　禮記內則：曾子曰：孝子之養其老也，樂其心，不違其志。……孟子離婁上：曾子養曾皙，必有酒肉；將徹，必請所與；問有餘？必曰有。曾皙死，曾元養曾子，必有酒肉；將徹，不請所與；問有餘？曰亡矣，將以復進也：此所謂養口體者也；若曾子則可謂養志也，事親若曾子者可也。

所注重；而父母俱存時，此權亦在父而不在母。（六年上字七七號。）蓋中國之家族制度，以維持男子之血統爲其特色之一；通常認立嗣爲繼續被承繼人之血統，卽由妻立嗣者，亦認爲代夫立之。現所欲論者，乃母之立嗣權卽指夫亡無子之婦立嗣權而言也。此層唐宋律無明文，大明會典（卷十九戶口總數）有如左之規定：

凡婦人夫亡無子守志者，合承夫分；須憑族長，擇昭穆相當之人繼嗣。其改嫁者，夫家財產及原有妝奩，並聽前夫之家爲主。清律戶役門立嫡子違法條附例二，全同；現行律從之。

民國成立，大理院之判例，亦只依上列條文而爲之解釋。故此項立嗣權，應具備下列之條件：（一）婦人須係正妻，妾不能有此項權利（六年上字一八四號；）（二）須憑族長，惟院例認爲未憑族長者，亦非無效（四年上字六八七號；）並認爲應得尊親屬同意（四年上字二四三三號；）（三）須擇昭穆相當之人。

至所謂處分財產權者，亦指夫亡無子之守志婦言也。蓋其夫在則妻從夫權，其處分私有財產，尙須受夫權之限制，（參看前章妻之財產權段；）其不得處分其夫之財產，更益明顯。若夫死，則『夫死從子，』亦中國禮教之深入人心者，其夫之財產歸子承受，（四年上字六一四號判例，）未亡婦依法僅有管理權而已，亦不得任意處分也。至夫亡無子之時，則律例有『合承夫分』之規定，似可爲其夫之財產承受人，而得對之爲任意之處分矣；其實大理院亦只認其有代應繼人管理之權，（四年上字五六七號判例，）如有處分，仍須得嗣子之同意或追認，（三年上字七一六號判例。）唯父亡之後，其母對於親女，得以酌給財產；但須較少於應分人數均分之額，（七年上字七六一號判例。）僅爲此項處分者，則不必得嗣子之同意或追認也（十四年上字三四四七號。）可見母之處分財產權，亦極狹隘矣。

（C）母與子女之喪服關係

依儀禮喪服所載：父卒爲母服齊衰三年之喪，父在則爲母服期年之喪。此爲子女對於母之喪服，不若爲父服斬衰三年者之重也。至母爲長子則服三年之喪，（喪服傳曰：何以三年也？父之所不降，母亦不敢降也；）爲在室女及衆子（長子弟及妾子，）則服期年之喪。至唐代則令子爲母服齊衰三年，不問父在與否也。明代又改令子女爲母與父均服斬衰三年；母對於子女，均服齊衰不杖期。清代因之現行律又仍

前清之舊者也。註二

（二）繼母　慈母　養母

（A）繼母　繼母者，乃子女對於父之後妻之稱謂也。儀禮喪服：繼母如母；傳曰：『繼母何以如母？繼母之配夫與因（因猶親也）母同，故孝子不敢殊也。』可見繼母之身分相等，自周代已然。後代法律亦遵禮經之旨，認繼母與親母身分相等。現行律亦復如是。註三

（B）慈母　儀禮喪服：慈母如母。傳曰：『慈母者，何也？』傳曰：『妾之無子者，妾子之無父者。父命妾曰，「女以爲子；」命子曰，「女以爲母。」若是則生養之終其身，如母死，則喪之三年。如母，貴父之命也。』後代之法律亦遵此旨。現行律同。註四

（C）養母　養母之名稱，不見於儀禮，蓋起於宋代也。註五　初指收養遺棄三

註二　本段以下凡論及母子喪服之關係，均參看歷代律例中服制圖，及大明會典（喪禮門）徐氏讀禮通考（喪期表）

註三
註四　參看元（典章）明清律服制圖，並現行律服制圖。

歲小兒之母;惟明代(大明會典卷一百二,喪服門及明律服制門)則謂自幼過房與人者,卽爲人後者之所後母也。宋時爲養母服齊衰三年,葢與親母同。明代一倂令子女服斬衰三年。淸律因之,現行律亦同。

(三)嫡母　庶母　生母

(A)嫡母　嫡母者,乃妾之子女,對父之正妻之稱也;正妻稱妾之子女爲庶子。古者庶子父卒爲君母(卽嫡母)服齊衰三年,(徐乾學讀禮通考卷一引戴德喪服變除;)母爲衆子服齊衰不杖期(衆子兼庶子言。)至庶子爲嫡母服斬衰三年之喪,恐亦在明世也。註六嫡母對於庶子之權力,較其生母爲優,如管理財產權,及法定代理權等。依現時判例,嫡母較生母有優先權。(五年上字一二〇九號,九年抗

註五　養母之名稱,見宋開寶禮;徐氏讀禮通考卷一引之。

註六　元典章三父八母圖,雖亦列嫡母之喪爲斬衰三年,但爲母服斬衰三年之喪,(繼母慈母同,)均自明代始,(參看大明會典卷一〇二。)徐乾學讀禮通考對元典章之服制,疑而不加徵引,未爲無見。

字六九號。）

（Ｂ）庶母　庶母者，乃正妻之子女，對父妾之有子女者之稱謂也；妾稱正妻之子爲嫡子。蓋婦有妻妾之分，卽母有嫡庶之辨也。古者妾爲君之長子，亦服齊衰三年之喪；註七爲衆子服齊衰不杖期。士爲庶母服緦麻三月（儀禮喪服。）明代改令妾爲夫之長子衆子（指長子弟及別妾所生者）及其所生子均服齊衰不杖期；而令嫡子爲庶母服齊衰杖期。清律因之。現行律同。庶母對嫡子無嫡母對庶子之權力焉。

至立嗣之權，庶母亦不得享有。蓋庶母之身分，以其生有子女，始取得之也；其無子者，則仍然爲妾。妾於親族會議立嗣，雖佔重要位置，惟無擇繼之權；對親族會議立繼有同意之權，然無故亦不得拒絕同意。此爲民國成立以來，大理院判例所明認者。（三年上字三八五號，七年上字三八六號。）

（Ｃ）生母　生母者，乃妾之親生子女，對其本身之稱謂也。其子女稱父之妻

註七　禮記喪服小記：妾爲君之長子與女君同。陳註：女君爲長子三年，妾亦同服三年，以正統故重也。

爲嫡母，稱父之他妾爲庶母。古者大夫士庶子，父卒爲所生母服齊衰三年，父在爲母服齊衰杖期；若爲父後者，則爲其生母服緦麻三月。至妾（即生母）爲其子則服齊衰不杖期。（見徐氏讀禮通考卷一喪期表上。）明代則統令庶子爲生母服斬衰三年，報服仍舊，迄今尙如是也。至生母對於其子女之各項權力，依現時判例則受嫡母優先權之限制，（見上嫡母段；）即撫養之權，原則上亦不得享有。註八

（四）所後母（嗣母）本生母

（A）所後母　所後母者，即承繼子對其所後父之妻之稱謂也。依儀禮喪服爲人後者，爲所後者服斬衰三年。唐代則改爲所後父服斬衰三年，歷代對此無變更。至喪服傳載：『爲所後者之妻服齊衰三年，』（以上均爲徐氏讀禮通考所引。）以後歷代法制，對此無明文。及明代始令爲人後者，爲所後父母同服斬衰三年也。清律因之，現行律同。至所後母爲所後子之報服如何？當亦推定其與親母爲親子服齊衰不杖期相同。

註八　大理院五年上字三三九號判例：父死，遺孤（庶子）自以歸嫡母撫養爲原則……

（B）本生母　本生母者，卽出繼子對其親生母之稱謂也。古者爲人後者，爲其父母服齊衰不杖期，其父母之報服同（儀禮喪服。）歷代相承而勿革，迄今尙如是也。

（五）出母　嫁母　從繼母嫁　乳母

（A）出母　出母者，乃子女對其親母爲父所出者之稱謂也。古者出妻之子爲母服齊衰杖期，（見儀禮喪服；）但爲父後者（指父卒言）爲出母無服（禮記喪服小記。）至出母對之無報服。及唐代出母之報服同；宋政和禮出母爲其子報服齊衰不杖期；清初仍廢報服之制。（以上均見徐氏讀禮通考卷一喪期表。）註九故現時爲出母服齊衰杖期，而出母無報服也。

（B）嫁母　嫁母者，指父卒母改嫁而言也。經無嫁母之服，（參看下段。）唐

註九　唐中宗神龍元年五月，韋后表請天下士庶爲出母服喪三年，……制皆許之。（資治通鑑卷二〇八唐紀。）又天寶六載，亦令出母終三年之服，（舊唐書禮儀志。）是有唐一代關於出母之服制，未盡同。

代始有之，（見徐氏讀禮通考卷一喪期表。）子與嫁母之服制關係，同於出母。

（C）從繼母嫁　儀禮喪服：『父卒，繼母嫁，從爲之服報。』（徐氏讀禮通考謂：『嫁母服經無文疏謂繼母嫁，從爲之服，則親母可知。』）此指父卒繼母出嫁，子從而受其養育者爲繼母服齊衰杖期；母之報服同。迄清初始改不杖期，註十 並無報服。現行律從之。惟繼母若被出或出嫁子未從者，則不爲之服。此爲歷代法制所明認者。

（D）乳母　按乳母有兩說：一謂父妾乳哺者；一謂卽今之奶母，並非父妾。註十一 二說各執其是，雖未可辨；但子爲乳母服緦麻三月，自古迄今未或稍變也。

（六）親母與嫡繼慈養母在刑法上之責任

註十　大明會典（卷一〇二）將從繼母嫁之服制，列入齊衰杖期。明律集解，則列入齊衰不杖期。徐氏讀禮通考從會典。

註十一　謂乳母爲父妾乳哺者，見元明清三代相沿之三父八母圖小注；惟徐乾學讀禮通考（卷一）以父妾乳哺者，與慈母相混，認爲卽後世之奶母。

親母與嫡繼慈養母在民法上，其身分完全相等，已如上述。其在刑法上之責任如何？換言之，其在刑法上對於子孫，是否享同一之權利，並負同一之責任？此自唐律以來，卽未見其一致也。註十二 唐律名例六稱期親祖父母條：

其嫡繼慈母若養者，與親同。宋律全與唐律同。明清律略同。（均見稱期親祖父母條。）

又鬭訟門毆詈祖父母父母條規定：

諸詈祖父母父母者絞；毆者斬；過失殺者，流三千里；傷者徒三年。若子孫違反教令，而祖父母父母毆殺者，徒一年半；以刃殺者徒二年；故殺者各加一等；卽嫡繼慈養殺者，又加一等；過失殺者各勿論。宋明清律亦大致相同。

觀右列兩條文，吾人可知子孫之毆詈或過殺祖父母父母者，與毆殺嫡繼慈養母受同等之處分；換言之，卽嫡繼慈養母與親母關於此，在刑法上享同一之權利。反之，嫡繼慈養母故意毆殺子孫者，則較之親母罪加一等，此卽其在刑法上對子孫所

註十二 漢時有殺繼母者，未坐以殺母（大逆）之罪。及魏改漢律，正殺繼母與親母同罪。（程樹德漢律考卷四引通典及晉書刑法志）

負之責任不同者也。唯因子犯大逆謀反等罪，而連坐其母者（唐宋明清律賊盜門），則親母與嫡繼慈養斯時須負同一之責任，此又不可不知者。又唐律鬪訟門告祖父母父母絞條規定：

諸告祖父母父母者絞。（謂緣坐之罪，及謀叛以上而故告者。下條准此。）卽嫡繼慈母殺其父及所養者殺其本生，並聽告。宋律與唐全同。明清律加詳（見干犯名義條。）

按此條文，則子於親母殺父之時，不得告母；但於嫡繼慈母殺父時，或於養父母殺本生父母時均可告發。此爲嫡繼慈養母不能與親母受同等保障之一端也。

民國成立，依暫行刑律補充條例第一條之規定：暫行刑律第十五條之正當防衞，不適用於尊親屬，（母亦在內；）但可適用於嫡母繼母之出於虐待行爲者，此亦爲嫡繼母在刑法上不得與親母受同等之保障者也。

第四章　女子與公民權

閱前數章之所述，則見女子於私法上，多處於服從男子之地位，罕有獨立平等之權能。本章試從公法上討論女子之公民地位。中國自辛亥革命國體變更，由君主而爲共和，其政治制度，今昔殊異。故關於女子之公民權不得不分爲兩時代——君主時代，民國時代——而述之。

（一）君主時代女子之公民權

君主時代女子之公民權，可略爲論列如左：

（A）皇太后攝政

中國雖無成文之沙烈律（Salic Law）；而女子不得爲皇帝，註一乃歷代共同默守之禁例。考之史乘，自夏禹傳位子啓，以後歷代君主，莫不傳位於子，而無一傳位於其女者，可以知矣。卽皇太后攝政一事，吾國經典上，既有警誡之文，註二歷代亦無成文法可稽；且有禁止皇太后干政者，如明代卽其顯例。註三 唯此種事例，起自西漢之呂后，迄於前清末季慈禧太后止，有二千餘年之歷史，決不可以偶然之事實目之；蓋自漢代以後，凡有皇太后攝政之事發生，類多援引先代故事，以爲成規。註四 是太后攝政之事，在漢代創制，在後代爲至少有習慣法之效力，降至清代，竟將太后『垂簾聽政』一項，列入大淸會典（卷二百九十一）之中，視爲一代之大典，其成爲一代之政治制度，似無庸疑。

註一　在中國，女子爲皇帝者有二：其一上古時，有女媧氏，相傳係伏羲氏之妹（遠藤隆吉著支那思想發達史一編五節；）究之年代遠古，事不足徵。其二中古時，唐代有武則天皇后，改唐國號曰周，自稱神聖皇帝，在位十有五年（舊唐書武則天本紀；）但當代及後世均認爲篡位。

註二　書經牧誓篇：『牝雞無晨；牝雞之晨，唯家之索。』

註三　禁止皇太后干政之事，不自明代始。魏黃初三年詔：羣臣不得奏事太后，后族不得與政。（魏志文帝本紀。）唯至少帝時，明元皇太后，仍復專政。（魏志少帝本紀。）只明代自洪武元年，太祖有諭：『后妃雖母儀天下；然不可俾預政事。』終明之世，宮壼肅淸，無太后干政之事，（明史后妃傳）

太后攝政雖爲一代之制度；然非謂凡屬太后，皆可攝政，蓋必具備相當之條件而後可。所謂相當之條件者，亦無成文法爲之明白規定；稽諸史策所載，約有左列三者：

（1）皇帝年幼　如東漢竇太后臨朝，和帝年十歲（後漢書和帝本紀）；鄧太后臨朝，殤帝方誕育百餘日（後漢書殤帝本紀）梁太后臨朝，沖帝年僅二歲）後漢書沖帝本紀）皆此例也。唯西漢呂后臨朝，惠帝年已十七，（漢書惠帝本紀）實由呂后貪權之過。

（2）帝疾不能視事　如宋英宗感疾，請曹皇太后權同處分軍國事（宋史

註四　晉書明穆庾皇后傳：成帝卽位，尊后曰皇太后。……羣臣奏天子幼冲，宜依漢和熹皇后故事；辭讓數四，不得已而臨朝攝萬機。（漢和熹皇后卽鄧太后，於殤帝元興元年臨朝。）

宋史禮志：徽宗卽位，皇太后權同聽政；三省樞密院聚議故事。……曾布曰：今上長君，豈可垂簾聽政，請如嘉祐故事施行。……蔡卞曰：天聖元豐與今日皆遺制處分，與嘉祐末英宗請聽政不同；曾布曰：今日之事，雖載於遺制，實出自德音。

曹皇后傳；）又神宗寢疾，宰相王珪奏請皇太后權同聽政，（宋史哲宗本紀；）皆此例也。

（3）先帝卒崩，或有遺詔　如漢安帝崩，閻皇太后先臨朝，後策立少帝（後漢書安帝本紀，）即前例也。唐高宗崩，遺詔軍國大事，聽天后處分（唐書武后本紀；）又宋真宗崩，遺詔太子即位，軍國大事權同太后處分（宋史仁宗本紀；）即後例也。

（B）封爵

（1）封爵之起源　中國古時，女子無封爵之例。故禮記郊特牲云：

> 共牢而食，同尊卑也；故婦人無爵，從夫之爵，坐以夫之齒。注：「爵」謂夫命為大夫，則妻為命婦。

雜記亦云：

> 凡婦人無爵，從其夫之爵位。注云：「婦人無專制，生禮死事，以夫為尊卑。」

考之中國典籍，女子封爵之制，起於秦漢之時；據杜佑通典（卷三十四）載：

> 凡婦人無爵，座以夫之齒；至秦漢，婦人始有封君之號。注：蔡邕獨斷曰漢異姓以恩澤封者曰「君，」比

長公主。

魏志武帝卞皇后傳，亦有與通典類似之記載：

黃初中，文帝欲追封太后父母，尚書陳羣奏曰：按典籍之文，無婦人分土命爵之制，在禮典，婦因夫爵；秦違古法，漢氏因之，非先王之令典也。

封爵之制，起於秦漢；及唐代，歸人之獨自受邑號者，並可蔭其子孫。（杜佑通典卷三十四）以後歷代相承，斯制未革；直迄清亡而始廢，可謂其隨專制之命運以告終。

（2）封爵之稱號　婦人封爵之稱號，則歷代各異：秦漢多稱『君，』即杜氏所謂『封君之號』是也。註五 魏晉於妻多稱『夫人，』母則稱『太夫人。』唐代有內外命婦之制：外命婦有『國夫人，』『郡夫人，』『郡君，』『縣君，』『鄉君，』等稱號，各視其夫子之官品而有異；母之邑號皆加『太』字。其不因夫子別加邑號者，

註五　漢時亦有封侯者，如高帝封兄伯妻為陰安侯，高后二年封蕭何夫人為贊侯，皆是。（西漢會要卷三十四婦人爵邑門）

則『夫人』云『某品夫人』『郡君』云『某品郡君』。宋代外命婦之號，有『國夫人』『郡夫人』『淑人』『碩人』『令人』『恭人』『宜人』『安人』『孺人』等品級。元代婦人之封有七品：一品爲『國公夫人』二品爲『郡公夫人』三品爲『郡侯夫人』四品爲『郡君』五品爲『縣君』六品爲『恭人』七品爲『宜人』。明代婦人亦有七品之封，一二品封『夫人』三品封『淑人』四品封『恭人』五品封『宜人』六品封『安人』七品封『孺人』。前清仍元明七品之制，一品之妻爲『一品夫人』二品爲『夫人』；三品以下，稱號悉與明同。註六

（3）封爵之限制　婦人之受封，大半因其夫子，或孫，之爲品官也。元代以後，每因男子官品之高低而封贈之所及遂有三代二代一代之不同，卽所謂封爵之限制者也。

元代定例：正從一品官，封贈三代；（曾祖母，祖母，母，妻，皆爲國公夫人。）註七　正從二品至三品，封贈二代，（祖母，母，妻稱號各異參看前段。）正從四品至七品，封贈

註六　本段應參看杜佑通典卷三十四內官門；王圻續通典卷三十八內官門；並皇朝通典卷四十。

一代（母妻。

明代定例：正從一品，封贈三代：（曾祖母，祖母，母，妻，各封贈夫人，其後稱一品夫人；）正從二品至三品，封二代（二品封祖母，母，妻，皆爲夫人，三品皆爲淑人；）四品至七品，封贈母及妻室（稱號各不同，參看前段。）清代與明全同。

至妻之外，又有妾，母亦有嫡母生母之分，均見前章（第二章第三章）所述；國家封典之所加，將全及於妻妾與嫡母生母乎？抑只及於其間一人乎？是亦所當知者。凡封及妻室者，只及正妻一人，此爲元明清三代之所同。至封母者，元代之制，嫡母在，生母不得封；嫡母亡者，得並封生母。明初仍元之制；後改定：嫡母與生母得並封；但不得併封繼嫡母。清代嫡母生母繼母皆得併封。此又三代制度之略異者。

此外，對犯十惡者，及非以禮娶之正室，或再醮之婦，（指夫亡改嫁者，）均不准請封；併命婦之因子孫受封者，亦不許再嫁。又係元明清三代相同之制也。註八

註七　元代定例：命婦因子孫受封者，並加太字；若已故，或曾祖，祖父，父在者不加。明清制同。

註八　本段須參看元典章吏部五封贈門；大明會典卷六，大清會典卷一四三封贈門。

（C）旌表

（1）旌表之意義與變遷　旌表者，乃國家對於男女之守節義者，建坊以表白其行爲，俾社會一般人知所仿效之謂也。原來旌表，係君主對於忠臣義士所採用之一種勉勵方法，如武王表商容之閭（史記周本紀）漢光武表李業之閭（東漢會要卷二十三）之類是。其用以兼表節烈婦女，似當在女子貞操問題（參看第二章第一節六段）成立之後。後周有詔制九條（周書卷七）第五曰：『孝子順孫，義夫節婦，表其門閭』。此爲旌表節婦之制，見於詔令者。以後歷代對於旌表婦女之事，無特別規定。元典章（吏部五）雖設有『旌孝節』之門；然所載大德十一年之詔書，內容與後周之詔制無異，此外不見有旌表婦女之事例。及明代對於節表婦女之事，規定較詳，除有類似後周之詔制外，尚有左列之特別命令（大明會典卷七十九旌表門）：

洪武元年令：民間寡婦三十以前，夫亡守制，五十以後不改節者，旌表門閭，除免本家差役。

正德六年令：近年山西等處，不受賊汚貞烈婦女，已經撫按查奏者，不必再勘，仍行有司各先量支銀三兩，以爲殯葬之資；仍於旌善亭傍立貞烈碑，通將姓字年籍鐫石，以垂久遠。

由上命令可見明代所旌表之婦女有二：一爲守節二十年以上之寡婦；二爲不受姦汚而自殺之貞女烈婦。

清代則旌表之範圍太廣，其旌表婦女之詔諭及事例，極其繁多，不勝枚舉；約而言之，如左列之人，皆可受旌表：（大淸會典卷四〇三風教門）

（a）節婦（三十歲以前守寡至五十歲不改節者；）

（b）烈婦烈女：

（i）殉家室之難者；

（ii）拒姦致死者；

（c）孝婦，（確有孝舅姑之行者；）

（d）孝女（終身不嫁以事父母者；）

（e）貞女：

（i）未婚夫死，聞訃自盡者；

（ii）未婚夫死，哭往夫家守節者（社會上稱此爲『望門寡。』）清代獎勵婦女之貞操可謂前代無有比倫，然流弊所及，一般無知婦女好名輕生，自戕性命者，不可勝紀！

（2）旌表與封爵之異同　旌表與封爵，雖同爲專制時代女子之榮譽權；然二者根本之差異，則在封爵大半因夫或子之爲品官；而旌表則純因女子己身之行爲。明初凡屬孝行節義之人，皆加旌表；其後只許布衣編氓，委巷婦女，得以名聞，其有官職及科目出身者，概不與焉。清代亦令婦人之受誥封者（卽受封贈者）不更旌表，此亦二者相異之一點。

（二）民國時代女子之公民權

民國時代，女子之公民權，亦可分左列諸端述之：

（A）女子與自由權

自由權之觀念，中國前此固無有焉；卽在歐西，亦只成立於美獨立，法革命之時，（十八世紀。）其傳入中國，乃近數十年之事。載在法文者，自民國元年之約法始。約法第六條規定：

人民得享有左列各項之自由權。（人身，居住，財產，言論，信仰，等自由權。）中華民國十二年憲法第六條。以下略同。註九

其所稱之『人民，』依文字上解釋，當然不以男子爲限，卽女子亦在其內。惟就第五條之規定：『中華民國人民，一律平等，無種族階級宗教之別，』（十二年憲法同條略同。）觀之，與近列國憲法關於人民之權利，皆承認無『性別』之分，自有不同；則中國之女子，不得與男子享有平等之權，甚爲明顯。惟女子雖不能與男子平等，可否依類推之解釋，謂女子亦不能與男子同享第六條所規定之各種自由權，自屬疑問；精確言之，女子縱不能與男子平等，究不能謂之無自由權也。雖然，吾人縱承認女子有自由權；然其自由權之範圍，不能與男子相等。如妻以夫之住址爲住址，（大理院七年上字第八六三號判例，）則婦女之爲人妻者，其居住之自由有限制矣；再

註九　中華民國十二年憲法，係十二年十月十日，曹錕就總統職時所公布，學者多稱之爲『曹錕憲法。』民國十二年十一月，段臨時執政府成立，卽行廢止。

就一般之婦女言之，依現行治安警察法第八條第十二條規定，註十亦不得加入政治結社與集會，是又一般女子，失其相對之集會結社權矣。綜上觀之，中國女子之自由權，可謂受極大之限制；換言之，卽其自由權之範圍，極其狹隘也。（大理院七年上字一三〇八號判例，認妻之信教自由，不受夫權之限制。）

（B）女子與政治權

茲所稱之政治權，卽指選舉權，被選舉權，及充任官吏等權而言。關於女子此項權利觀念，與自由權相同，亦係近數十年傳入中國也。中國前此之禮教，『男不言內，女不言外。』女子不問外事，何得言政治？民國成立，元年之約法及十二年之憲法，均無類似近世列國憲法：『廢止女性官吏例外規定』之明文，則女子不得爲官吏，無待多言。至女子是否享有選舉權及被選舉權，就約法第十二條之規定：『人民有選

註十　治安警察法第六條規定：左列各人不得加入政治結社（未成年人，女子等）；第十二條規定：左列各人不得加入政談集會（未成年人，女子等。）此法係民國三年袁世凱時代所頒布，現在南方國民政府下，已失效力。

舉及被選舉之權』（十二年憲法十七條略同。）觀之，其所稱之『人民』應與第六條採同一之解釋，認女子亦在其內，似不能謂女子無此項權利。然就民國元年所頒布之省議員選舉法，衆議院議員選舉法，及參議院法，各有關之規定，女子無選舉及被選舉權，亦甚明顯。茲將有關各條錄下，以資徵實：

省議員選舉法第四三條：凡有中華民國國籍之男子，年滿二十一歲以上……有選舉省議會議員權；第四條凡有中華民國國籍之男子，年滿二十五歲以上者，得被選舉為省議會議員。

衆議院議員選舉法第四條與省議員選舉法第三條大致相同；第五條與省議員選舉法第四條大致相同，姑不錄。

參議院法第五條與衆議院議員選舉法第五條大致相同。

如上所言，中國女子之政治權，雖經辛亥革命以來，女子屢有參政權之運動；而其效果極微也。註十一 近年南方國民政府之下，確有女子參加各種公職之事實；然關於此之根本大法，尚未遑宣布焉。

（C）女子與其他之公權

本段所謂其他之公權，係指上述自由權政治權以外，之其他公權而言。茲略分左列二端而述之：

（1）榮譽權　所謂榮譽權者，卽指女子根據修正褒揚條例（民國六年十月公布）所得享有之褒揚權也。按褒揚之制，完全因襲專制時代之旌表制而來；據褒揚條例（第一條第五第七各款）其施行細則（第五第七第八第九等條）所規定女子得受褒揚者，爲左列諸人：

（a）良妻賢母行誼足爲鄉里矜式者；

（b）節妻年在三十以內，守節至五十歲以上者；若年未五十而身故，以守節滿十年者爲限；

（c）女子未嫁，夫死自願守節者；

註十一　湖南廣東浙江等省，於民國十年（？）以後相繼頒布省憲法，均承認女子有選舉權。如湖南省憲第三十條規定：「中華民國國籍之男女年滿二十一歲以上，……在湖南居住二年以上，……皆有選舉省議員之權，」是也。

（d）烈婦，烈女：凡遇强暴不從致死，或羞忿自盡；及夫亡殉節者，屬之；其遭寇殉節者同。

以右列得受褒揚之女子，與前段（旌表）中，清代所旌表之女子相較，可謂毫無差異；但民國以來，好褒揚之虛名而自戕其生命者，迥不及清代之衆多，此爲民國時代之人民知識，較高於專制時代人民之一徵。

至褒揚與旌表尙有差異者，卽專制時，旌表女子，國家多給銀建坊，（坊上題額有節孝坊或節烈坊等字樣，並註明某氏婦某氏。）褒揚僅由大總統給授褒章，或題贈扁額而已；但婦女家族，自備費用以建坊者，亦聽之。

此外婦女因辦理公益事業，尙得受慈惠章，（參看下面註13，）是亦榮譽權之一也。

（2）從事公職權　婦女之不得爲官吏，及被選爲議員，已見（B）款所述；則所稱之公職，自係指其他含有公的性質之職務而言。吾國地方自治事業尙未發達，現時婦女所得爲之公共事業，僅教育，救䘏，慈善諸端而已。婦女之享有此等公權，可從大理院統字第三六六號解釋例，（婦女犯罪，應褫奪刑律四六條五款之公權『學堂監督及職教員權』）及民國十年之慈惠章給予令第一條 註十二 而推知之也。惟依修正律師暫行章程（五年十月司法部公布）第二條之規定：『律師應具備左列各條件：「一、中華民國之人民滿二十歲以上之男子，」』則女子尚無充當律師之公權也。於此可知女子從事公職之權，亦有限耳。

註十二　慈惠章給予令第一條規定：凡婦女合於左列各項事實之一者，得給予慈惠章：（一）捐募賑款者，（二）辦理公益事業者，（三）辦理慈善事業者。

第五章　女子犯罪與處罰

中國專制時代，刑法有緣坐之條，女可以坐父罪，妻可以坐夫罪，母可以坐子之罪，已略見前數章所述（第一章（七）段，第二章夫婦在刑法上之關係段，第三章（六）段。）本章專就女子本身之犯罪而論之，並及其所受之特別處罰也。

（一）女子之犯罪

女子本身之犯罪，亦有普通犯罪與特別犯罪之分。所謂普通犯罪者，乃女子與男子各得獨立所犯一般之罪，如殺人放火之類是；所謂特別犯罪者，乃本於女子一身之生理關係所犯之罪，換言之，卽本於其特別之女性而成立罪名者，如姦非，墮胎之類是。本章之所論，專指後者也。茲依歷代律例，及暫行新刑律（民國元年三月十日頒布）中，關於女子之犯罪，而爲分述於後：

（A）姦非罪

（1）姦非罪成立之時期　姦非罪者，乃男女間無夫婦之關係，而非法相交合以搆成社會上之犯罪也；依理言之，婚姻制度成立之時，姦非罪當可隨之而成立。唯中國唐代以前，無成文法典可考。稽諸史乘，虞舜以前，（杜佑通典刑典注）即有五刑，（墨，劓，剕，宮，大辟。）其中宮刑，（男子去勢，女子幽閉，）如果確爲男女姦淫之刑，（參看本章註9，）則姦非罪之成立，當在上古五帝之時矣；要之法無明文，難以妄斷。及戰國時吾國法家鼻祖李悝（魏文侯師）著法經六篇，其雜法中始有姦非罪之規定。如晉書刑法志載：

悝撰次諸國法，以爲王者之政，莫急於盜賊，故其律始於盜賊。盜賊須劾捕，故著網捕二篇。其輕狡，越城，博戲，假借不廉，淫侈踰制，以爲雜律一篇。

蓋其所謂淫侈踰制者，卽令之姦淫及其他猥褻罪也。降至秦漢之世，懲罰姦非罪，益加嚴厲。如秦始皇會稽刻石（史記始皇本紀）云：

有子而嫁，倍死不貞；妨隔內外，禁止淫佚，男女絜誠；夫爲寄豭，殺之無罪。……

『夫爲寄豭，』卽指有婦之夫，與其他女子姦通之謂也；『殺之無罪』者，卽他人皆得而殺之，不必由國家懲罰也。漢律則未除服犯姦者當死。（程樹德漢律考卷四。）

由上觀之，姦非罪之成立，至遲當在戰國之時；至秦漢之世，其罰益嚴。

（2）姦非罪之種類：

（a）一般姦非罪　一般姦非罪者，指一般人所犯之姦非罪，並不因犯罪者之身分，年齡，而異其處罰也。

一、和姦　和姦者乃夫婦以外之男女，兩相情願而通姦之謂也。漢律有和姦之條，（程樹德漢律考卷四，）其罪刑不一。唐律規定：註一

諸姦者徒一年半；有夫者徒二年。……疏議曰：和姦者，男女各徒一年半；有夫者徒二年。妻妾罪等。

宋律與唐全同。元明清律關於和姦罪之處罰，較唐爲輕。元刑法志姦非門規定：

諸和姦者杖七十七；有夫者杖八十七。明清律：和姦杖八十；有夫者，杖九十。

觀以上諸律文，中國以前和姦之罪，無問婦女有無丈夫，均可成立。及民國成立，

註一　本段及下段所稱唐宋明清律，應參看唐宋律，雜律門，相當各條；明清律犯姦門相當各條。

頒布暫行新刑律（民國元年三月十日），其第二八九條規定

和姦有夫之婦者處四等以下有期徒刑或拘役；其相姦者，亦同。

如此，則和姦無夫婦女者，不爲罪矣，與近代多數國家之立法例頗適合。嗣於民國三年，頒布暫行新刑律補充條例（第六條）仍列入和姦無夫婦女之罪，又復昔日之刑罰觀矣。

二、刁姦　刁姦，指姦夫甘言以誘姦婦，至他所而通姦也。唐宋律無此罪名。明清律犯姦條規定：

刁姦者，杖一百。清律小注：刁姦謂姦夫刁誘姦婦引至別所通姦，亦和姦也。凡和姦者，姦夫姦婦，各杖八十；若有夫者，各杖九十。刁姦者，不論有夫無夫，俱杖一百；既有夫在襍而外淫，故加一等；刁引出外，不畏人知，淫縱尤甚，故更嚴其法。

觀上列律註，吾人可知刁姦大體與和姦相同；而其相異者，卽在和姦尙憚人耳目而私通，刁姦則不憚人耳目，而偕往他所以通姦之一點，故其制裁較和姦爲重也。現時暫行新刑律無刁姦之明文。

無論和姦與刁姦，姦婦除受處罰外；並從本夫嫁賣，其夫願留者聽；但不得賣與姦夫，此又明清律之特別規定也。

三、强姦　强姦，指姦夫用强力，使婦女不能抵抗，而與之通姦之謂也。漢律亦有强姦之條（程樹德漢律考卷四）唐宋律規定：

> 强者各加一等，（即指強姦罪較和姦加一等處罰也）強者婦女不坐（見和姦無婦女罪名條）

元刑法志强姦亦因姦婦有夫與無夫而異其處罰。該律姦非門：

> 強姦有夫婦人者死，無夫者杖一百七；未成者減一半；婦人不坐。

明清律則無有夫婦與無夫婦之區分。明律規定：

> 強姦者絞，未成者杖一百，流三千里；……強姦者，婦女不坐。清律僅於『絞』下加注『監候』二字。註二

唯依清律小註之解釋，强姦罪之成立，須具備下列四要件：（一）有强暴之狀；

註二　『監候』係對『立決』而言。清代關於死刑之執行，有『立決』與『監候』之分。『立決』者，即於情節重大之案件審判終了，即可執行之謂也。『監候』者，指罪刑較輕之案件，於審判定刑後，請刑部核議，由刑部奏請裁決，奉旨後立秋執行之謂也。餘處仿此。

（二）婦人有不能推脫之情；（三）須有人聞知；（四）須損傷膚體，毀裂衣物。但小註又謂：『以强合而以和成者，猶非强也。』註三 是雖先具備四條件，而後以和成者，仍當以和姦論，婦女仍不免於罪，此亦情法之失平者。

暫行新刑律則規定如左（第二八五條）：

對婦女以強暴脅迫，藥劑，催眠術，或他法，至使不能抗拒，而姦淫之者，為強姦罪，處一等或二等有期徒刑。

依此規定，强姦罪之成立，只須具備下列三條件：（一）男子有強暴之狀；（二）婦女不能抗拒；（三）姦淫之行為。以之與清律相較，寬嚴之度，自有不同。

此外大清律犯姦門附例，尚有輪姦，調姦，圖姦等規定。輪姦者指數人依次輪姦一婦女之謂也，此際首犯擬斬立決，從犯擬絞監候（參看本章註1）。其未同姦者，發黑龍江給披甲人為奴。調姦者，係指由調戲而欲行姦之謂。圖姦者則係設計行姦，

註三 福惠全書強姦篇：以強合以和成者，先猶掙脫，喊叫不從；及已成姦，而聽順無忤，猶不得謂之強也。

或乘夜間潛入女子寢室，以圖達通姦之目的。無論圖姦或調姦，其未成者，經本婦告知親族鄉保，卽時禀明該地方官審訊；如果有據，卽酌其情罪之重輕，分別枷號杖責。（犯姦條附例。）如圖姦或調姦已成者，則按其情節之重輕，而爲科刑之標準，無定例也。註四 暫行新刑律，除對於輪姦者，得依第六章共犯罪科斷外，別無圖姦調姦之文；唯有猥褻罪之規定（第二八三、二八四條）而已。

（b）加重姦非罪　所謂加重姦非罪者，乃因犯罪人之特別身分，婦女之年齡，而科刑較一般人加重之謂也。

一、親屬相姦　此因犯罪人之身分，有親屬之關係，而科刑加重者。蓋中國昔日之倫理觀念，視同姓結婚近於禽獸。因此對於親屬相姦，以其關係之遠近，而科刑之輕重不同，有如下述：

註四　嘉慶元年諭刑部具題河南省鄭路妮語言調戲馮喜成之妻彭氏，致彭氏羞忿投井身死一案，有手足句引，情近用強者，皆於秋錄時卽行予勾；其僅止語言調戲者，概免勾決等語。（大清會典百二十五犯姦門。）

（i）姦同宗無服之親及無服親之妻　唐宋律，無此規定，當視與一般姦非罪無異。明清律對此規定：『男女各杖一百』清律並加小注：『强者姦夫斬監候。』

（ii）姦緦麻以上親，及緦麻以上親之妻（指內外有服之親），若妻前夫之女，同母異父姊妹。　唐宋律對此規定：『徒三年；强者流二千里，折傷者絞；妾減一等。』元刑法志（姦非門）規定：『强姦妻前夫女已成，杖一百七，妻離之』是視此與强姦無夫婦女同罪所不同者，僅在搆成妻之離婚原因之一端耳。明清律對此規定：『杖一百，徒三年；强者斬。』

（iii）姦從祖祖母，祖姑，從祖伯叔母，伯叔姑，從父姊妹，母之姊妹，及兄弟子妻唐宋律對此等姦非罪，其刑爲流二千里（男女並同），强者絞。元刑法志（姦非門）規定：『諸與弟妻姦，及同居姪婦（卽兄弟子妻）姦，各杖一百七。』註五　明清律，對姦夫姦婦各處絞刑；强者姦夫斬。

（iv）姦父祖妾，伯叔母，姑姊妹，子孫之婦，兄弟之女　唐宋律處此等犯姦者

註五　元典章，刑部三，內亂門，有姦弟妻各杖九十七下之例。

絞刑。元刑法志（姦非門）規定：諸翁欺姦男婦已成者，處死；未成者杖一百七，和姦者皆處死。又『諸與兄弟之女姦，皆處死。』明清律均處以斬刑；清律小注：『强者姦夫決斬。』

以上皆係清代以前，法律上之親屬姦非罪也。暫行新刑律第二九〇條，僅規定：『本宗緦麻以上之親屬相和姦者，』處二等至四等有期徒刑（一年至十年）並不就親屬之間，再分若干等級也。

二、官民相姦　此因官民地位强弱之不同，懼官吏仗勢，强迫人民以與之通姦，故其處罰亦較一般姦非罪爲重。漢律有『姦部民妻』之條（程樹德漢律考卷四）。唐宋律有：『諸監臨主守，於所監守內姦者（謂犯良人）加姦罪一等，……婦女以凡姦論』之規定。元刑法志（姦非門）規定：『諸監臨官，與所監臨囚人妻姦者，杖九十七，除名。』又『諸職官强姦部民妻，未成，杖一百七；除名不敍。』元典章（刑部七嚇姦門）有『欺姦囚婦杖一百七』之例。明清律『凡軍民官吏姦所部妻女者，加凡姦罪二等，……婦女以凡姦論；若姦囚婦者，杖一百徒三年，囚婦只坐原犯罪名。』觀此，明清律對官吏姦部民之處罰，較唐宋元爲重。唯歷代律例，均無部民姦官吏妻女之規定，純諸『法律規定社會』之格言，必此類事件不常發生也。（但清律犯姦條有：『職官及軍民姦職官妻者，姦夫姦婦並絞監候』之規定。）

三、奴姦良人或姦家長妻女　此因身分貴賤之不等，而異其處罰者。

（i）奴姦良人　唐宋律『奴姦良人，徒二年半；强者流，折傷者絞。』明清律於奴姦良人時，加凡姦罪一等；良人姦他人婢者，減一等科斷。

（ii）奴姦家長妻女期親等　唐宋律對部曲及奴姦主，及主之期親，若期親之妻者，處以絞刑；婦女減一等科斷；其奴强姦者斬。元刑法志（姦非門）於奴姦主女，或强姦主妻者，皆處死；姦主妾亦杖九十七。明清律規定：『凡奴及雇工人，姦家長妻女者，各斬；若姦家長之期親，若期親之妻者，絞；婦女減一等。』歷代律例，對此項姦非罪之加重處罪者，不特因犯罪者身分貴賤之不等，亦且有主奴名分之觀念存焉。此所以元典章（刑部七主奴姦門）有『主姦奴妻，難議坐罪』之例也。

四、僧尼犯姦　唐宋律無此規定。元刑法志（姦非門）有：『諸僧，尼，道士，女冠

（女道士）犯姦，斷後，並勒還俗』之規定；但其處罰未詳。明清律對僧尼犯姦，加凡姦罪二等處斷；其相姦之人以凡姦論。清律小註云：『出家者犯姦則穢亂清規，』是亦處罰之一理由也。

五、居喪犯姦　中國之倫理觀念，以居喪爲天降人生之憂戚，不得妄行樂事，以干天和。居喪不得結婚，已見第二章所述。居喪犯姦而加重處罰，亦本此旨。依漢律居喪犯姦者，當死（程樹德漢律考卷四引功臣表。）唐宋律於居喪生子，及舉樂（戶婚門）皆有制裁，獨無居喪犯姦之規定，其原因未暇考究。明清律『凡居父母喪，及夫喪，犯姦者，各加姦罪二等；相姦之人以凡姦論。』

以上各種加重姦非罪，暫行新刑律皆無規定，唯歸諸法官自由裁量之範圍耳。

六、姦幼女　此因被姦者年齡特別幼小，而加重處罰者。唐宋律無此規定。元刑法志姦非門有左列各種規定：

諸強姦人幼女者處死，雖和同強，女不坐；凡稱幼女，止十歲以下。

諸年老姦人幼女，杖一百七，不聽贖。

諸十五歲未成丁男，和姦十歲以下女，雖和同強，減死，杖一百七；女不坐。

諸強姦十歲以上女者，杖一百七。

從上列條文觀之，吾人可知元代姦十歲以下之幼女者，雖和同强，處以死刑；强姦十歲以上者，則如强姦無夫婦女同罪（條文見上强姦段）至年老及十五歲男姦幼女者，則較常人減一等處斷。此等規定，對於幼女之保護，雖屬詳密；然所謂幼女，止限十歲以下，其年齡未免太低。明清律犯姦門規定：『姦幼女十二歲以下者，雖和同强論，』較之元代，自可謂有進步。現時暫行新刑律第二八五條第二項之規定：『姦未滿十二歲幼女者以强姦論，』完全因襲明清律之規定。中國人因循性之强大，此其一徵；以之與近世列國刑法中『同意年齡』（註六）相比較，誠爲中國社會不進化之一大恥辱。

（3）姦非罪之告訴問題　吾國以前法律，關於夫與妻妾之相毆，多認之爲親告罪；至姦非罪，則反不以之爲親告罪。（參看第二章夫婦在訴訟法上之關係段。）現時暫行新刑律則從近代文明國之立法例，認姦非罪爲親告罪之一種。（第二九四條各項。）所謂親告罪者，乃國家對於特定之犯罪，非經被害人或其他法定告訴人，（例如姦非罪之姦婦本夫，）行使告訴權後，檢察官不得遽提起公訴之謂也。

（4）姦生子女之歸屬問題　唐宋律亦無關此之規定。元刑法志（姦非門）分一般姦非者所生之子女，及良賤相姦所生之子女，而爲之規定。

（a）一般姦非者所生之子女　姦生之男隨父（卽姦夫），女則隨母。（卽姦婦。）

（b）良賤相姦所生之子女　良民竊奴婢生子，子隨母還主；奴竊良民生子，子隨母爲良，仍異籍當差。

註六　所謂『同意年齡』(Age of Consent)，卽女子法律上之特定年齡。凡未達此年齡，而與男子相通姦者，無論事實如何，皆認爲由男子之引誘或壓迫所致，大半處男子以强姦罪。如法國刑法第三三二條：『凡犯強姦之罪者，處有期徒刑（第一項）；若對於十五歲以下之男女幼童而犯此等罪狀，處有期徒刑（第四項。）』是對於姦十五歲以下之幼者，以強姦論矣。瑞士刑法亦同。（瑞士刑法一一二條。）

明清律對此亦無明確之條文；唯從『姦生子依數量與半分……無應繼之人，方許承繼全分。』（第一章註9）之文觀之，則姦生子當歸姦夫。徵諸清律親屬相姦條小註：『惟同宗姦生男女，不得混入宗譜，聽隨便安插。』益可知姦生子女以歸姦夫為原則矣。現行律全因清律。民國成立，大理院仿近世民法一般之原則，承認私生子認知之制度。（五年上字一八九號判例。）

（B）重婚罪

重婚罪之成立，依理言之，亦當在一夫一妻制成立之時也。唯中國唐代以前無成文法典，故討論此罪，仍不得不自唐律始。唐律戶婚門有妻更娶條：

諸有妻更娶妻者徒一年；女家減一等。若欺妄而娶者，徒一年半；女家不坐，各離之。

宋律與唐同；元明清律皆有類似之規定。註七　此為男子重婚罪之處罰。至女子重婚罪之處罰，則歷來律例規定較嚴：

註七　元刑法志戶婚門：諸有妻妾復娶妻妾者，笞四十七，離之。明清律婚姻門妻妾失序條，若有妻更娶妻者，亦杖九十，離異。

唐宋律戶婚門義絕離之條：妻妾擅去者，徒二年；因而改嫁者，加二等。

明清律出妻條：若妻背夫在逃者，杖一百，從夫嫁賣；因而改嫁者絞。

歷代律例所以處罰女子之重婚罪加嚴者，仍不外『女子出嫁從夫』之禮教，不以重婚爲重，而以背夫爲重也。

此外唐宋律和娶人妻條，及元（刑法志戶婚門）明清律逐壻嫁女條：均係女子重婚罪之規定；惟其處罰不及於女子耳。

現時暫行新刑律第二九一條規定：

有配偶而重爲婚姻者，處四等（一年至三年）以下有期徒刑，或拘役；其知爲有配偶之人而與爲婚姻者，亦同。

右之律文係指男女雙方重婚而言，大理院已有解釋例，（統字六五號）自無容疑；而男女重婚之處罰，亦歸平等，可謂男女諸端不平之處又革其一矣。

（C）略誘和誘罪

漢律有刼略之文，（程樹德漢律考卷三；）惟無略誘和誘之分。後魏律；略人和賣爲奴婢者，處死刑（杜佑通典刑典。）唐律賊盜門，略人略賣人條：

諸略人略賣人（不和爲略，十歲以下，雖和亦同略法，）爲奴婢者，絞；爲部曲者，流三千里；爲妻妾子孫者，徒三年。（因而殺傷人者，同強盜法。）

疏議曰：略人者，謂設方略而取之。

和誘者，各減一等。若和同相賣爲奴婢者，皆流二千里。……疏議曰：和誘，謂和同相誘，減略一等。

依上列律疏觀之，所謂略者，即未得被略人之同意而取之以置於己身勢力範圍之內者，與前述強姦罪之所謂強者同其意義；至所謂和誘者，指得被誘人之同意而言，與和姦罪之和亦相同。宋律全與唐同，明清律賊盜門大致相同。

此等罪名，與前述之姦非罪不同。蓋其客體，不以女子爲限，故嚴格言之，不得認爲關於女子犯罪之一種。唯現時暫行新刑律，對於此罪之客體，男子限二十歲以下，婦女則無年齡之限制，可謂側重婦女方面矣。和誘之年齡，提高至十六歲，亦爲進步之一徵，觀下列條文可以知之（三四九條：）

以強暴脅迫或詐術，拐取婦女或未滿二十歲之男子者，爲略誘罪；處二等至三等有期徒刑。

和誘者，處二等至五等有期徒刑；

和誘未滿十六歲之男女者，以略誘論。

（D）墮胎罪

吾國以前法律皆無此罪名。註八暫行新刑律，仿近代文明國之立法例，爲保障人道，維持公益計，特設墮胎之罪。本律關於此罪之規定，其處罰不一：懷胎婦女服藥或以他法墮胎者，處五等有期徒刑，拘役，或一百元以下之罰金，（第三三二條，）此指婦女之自行墮胎者言也。若他人犯此罪者，則科刑視其情形而有異：受婦女之囑託，或得其承諾，使之墮胎者，處四等以下有期徒刑（三三三條）；如施以强暴脅迫，而墮胎者，則處以三等至五等有期徒刑（三三四條）；若醫師，產婆，藥劑師，犯第三百三十三條之罪，或以詐術犯第三百三十四條之罪者，則加重科

註八　明清律（鬪毆門鬪毆條：）『墮人胎及刃傷人者，杖八十，徒二年。』律註云『墮胎者，謂辜內（保辜期內）子死及胎九十日之外成形者，乃坐其雖因毆，若辜外子死，及胎九十日之內未成形者，各從本毆傷法，不坐墮胎之罪。』可見墮胎在明清律爲毆傷罪之加重條件，而非獨立之罪名也。

刑（三三五條）此則因特別業務，或特別手段而異其科刑之標準者也。

（二）女子之特別處罰

關於女子之特別犯罪，已略如上述。至歷來律例，對於女子尙設有特別處罰者，其理由約有二：其一因女子之生理及體力之關係，認爲不能與男子受同樣之處罰者；如犯徒流之罪除應杖外，則聽贖餘罪之類是；（淸律名例門工樂戶及婦人犯罪條；）其二本於憐恤（憐恤乃賤視之結果）之觀念，認女子知識薄弱，而特免其刑者，如婦女與男子爲共犯，而獨坐男子之類是。（淸律名例門共犯罪分首從條。）以下當就歷代律例，及現時刑事法規中關於女子之特別處罰，而分述之。

（A）刑名之殊異

（1）復作　漢時男子戍邊爲『罰作，』女爲『復作，』皆一歲刑，猶之現時一年有期徒刑也。漢書宣帝紀注：李奇曰：『復作者，女徒也。謂輕罪，男子守邊一歲，女子軟弱，不任守，復令作於官，亦一歲，故謂之復作徒也。』

（2）司寇作　司寇作，乃漢時女子二歲刑也。漢書儀：『司寇，男備守，女爲作如司寇，皆作二歲刑。』

（3）白粲　此漢時女子三歲刑也；男子三歲刑則謂『鬼薪』。漢書儀：『鬼薪者，男當爲祠祀鬼神伐山之薪蒸也；女爲白粲者，以爲祠祀擇米也。』

（4）完舂　按周禮秋官司厲：『奴，男子入於罪隸，女子入於舂槀。』舂刑蓋始於有周，漢代因之，乃女子四歲刑也。漢書刑法志：『諸當完者，完爲城旦舂。』惠帝紀注：應劭曰：『城旦者，旦起行治城；舂者，婦人不豫外徭，但舂作米，皆四歲刑。』孟康曰，完不加肉刑髡鬄也。』（按『完』刑與下『髡鉗』相對：『完』不去毛髮，『髡鉗』則去髮受枷。）

（5）髡鉗舂　此漢時女子五歲刑也。漢書儀『男髡鉗爲城旦，女爲舂，皆作五歲。』

以上各項女子之刑名，多起於漢文帝廢肉刑之時，（參看程樹德漢律考卷二，馬端臨文獻通考刑考，杜佑通典刑典。）迄於何時廢止？以中國唐代以前無成文法典可考，頗難斷定。惟南北朝時，北齊之制，其刑有五：二曰，『流刑，其不合遠配者，男子長徒，女子配舂。』（淺井虎夫著中國法典編纂沿革史上卷，引隋書卷二十五。）後魏律：『女子入舂藁。』（前書引魏書卷一一一。）其餘各國之律，亦多存一歲至五歲之刑名。想漢代女子之刑，迄南北朝時尚未全廢也。

（6）宮　宮刑乃五刑之一，次死之刑也；虞舜以前，卽有之。（參看前姦非罪段。）初爲男女共同之刑名，男子處宮刑者割勢，婦人則幽閉；註九 及漢代始成爲女子之刑名，而男子之宮刑，則代以『蠶室』二字。註十 此刑之廢止，當在漢之季世也；蓋文帝除肉刑而宮刑猶在，如武帝時，司馬遷下蠶室，及東漢屢有下蠶之詔（參看本章註10）皆其證也。其後安帝時，曾除蠶室刑。魏公曹操欲復肉刑，陳羣對曰：『若用古刑，使淫者下蠶室，盜者刖其足。……』（馬端臨文獻通考刑考。）可見曹魏之時，蠶室之刑已成古制。南北朝時，後魏律有：『大逆不道腰斬誅，其同籍年十四已下

註九　尚書呂刑『宮辟疑赦』注：『宮淫刑也，男子割勢，婦人幽閉，次死之刑也。』又幽閉之說，卽椓竅之法，用水槌擊婦人胸腹，卽有一物墜而蔽其牝戶，止能溺便而人道永廢矣。（程樹德漢律考卷一引目耕帖。）

腐刑，女子沒縣官』之文，（魏書卷一一一。）亦僅復男子蠶室之刑，未復女子宮刑也。

（B）贖刑之差別

歷代律例，對於女子之犯罪，有令減男子贖金半數而贖之者；有於輕罪特准其納贖者。

（1）減半贖罪之例：

晉律：諸應收贖者，皆月入中絹一匹，老小女人半之。（淺井虎夫著中國法典編纂沿革史引太平御覽卷六五一。）

梁律：贖髡鉗五歲刑，笞二百者金一斤十二兩，男子十四匹，……女子各半之。（前書引隋書刑法志。）

註十　漢光武二十八年，三十一年；詔死罪繫囚皆一切募下蠶室，女子宮。章帝建初七年，元和元年，章和元年皆有詔犯殊死，一切募下蠶室，其女子宮。和帝永元八年詔犯大逆募下蠶室，女子宮。可見東漢之世，宮刑專爲女子犯罪之處罰矣。又宮刑本爲次死之刑；漢代以之當死刑者，係景帝時所改制。（均見程樹德漢律考卷一。）

（2）特准納贖之例：

漢令甲女子犯罪作如徒六月，顧山遣歸。師古註曰：謂女徒論罪已定，並放歸家，不親役之但令一月出錢三百以僱人也。（馬端臨文獻通考刑考，程樹德漢律考卷三）。

晉律：其老小篤癃病，及女徒，皆收贖；（同前項減半贖罪律中晉律註）

後周律：婦人當笞者聽以贖論（隋書卷二十五）

明律名例門工樂戶婦人犯罪條：婦人犯罪應決杖者，……若犯徒流者，決杖一百，餘罪收贖。淸律同。

明律名例門五刑附例：老幼廢疾，及婦人天文生，餘罪收贖。淸律略同。

（C）寬宥之處置

（1）一般之優容　古有族誅之制，一人犯大逆不道者，常誅累全家，（第一章第七段。）以後卽非犯族誅之罪者而苛暴之吏亦往往拘捕全家，繫之廷尉。故漢平帝元始年間，特下寬宥之詔：（文獻通考刑考）

婦女非身犯法，及男子年八十以上，七歲以下，非坐不道，詔所名捕，他皆無得繫。

其後北齊，對於女子之犯罪者，亦有寬宥之制（隋書卷二十五：）

自犯流罪以下，合贖者，及婦人犯刑（刑耐罪猶今之徒刑）已下……皆頌繫之。（頌讀曰容，謂寬容繫之也。）

明清律對於婦人之犯輕罪者，皆不收禁，較前代尤爲寬大。明律斷獄門婦人犯罪條：

凡婦人犯罪，除犯姦及死罪收禁外，其餘雜犯，責付本夫收管；如無夫者，責付有服親屬鄰里保管隨衙聽候，不許一概監禁。違者笞四十。清律全同。

此外唐宋律於婦人犯流罪者（除造畜蠱毒應流外）留住。疏議曰：『婦人之法，例不獨流；故犯流不配，留住決杖居作』此爲減輕婦女之罪刑也。元刑法志（盜賊門）有『諸婦人誘賣良人罪應徒者，免徒』之規定，是又婦人免罪之法也。

（2）共犯不坐罪　歷代律例對於共犯罪，除大逆謀反等罪外，無不分首從，爲科刑輕重之標準；唯對於婦人之爲共犯者，則不坐以罪。唐律名例五，共犯罪造意爲首條：

疏議曰：假有婦人尊長，共男夫卑幼同犯，雖婦人造意，仍以男夫獨坐。宋律同，明清律共犯分首從條律注略同。

又明律賊盜門略人略賣人條附例：

婦人有犯罪坐夫男；(註十一)若不知情及無夫男者，止坐本婦。清律同。

此外明清律尚有『婦人有犯，罪坐家長』之文，(祭祀門褻瀆神明條。)其理由蓋以女子知識薄弱，平時處於其夫或家長保護與監督之下，其或犯罪，過在家長。此亦蔑視女子人格之一結果也。

(D)姦婦去衣受刑

婦人犯姦，去衣受刑，自元代始。元刑法志姦非門規定：

諸和姦者，杖七十七；有夫者，八十七；誘姦婦逃者加一等。男女罪同，委人去衣受刑。

至犯其餘各罪，則單衣受刑。元典章(刑部四殺親屬門)有某姑毆死男婦，單衣受刑之例。明律亦從元代之制，其名例門工樂戶及婦人犯罪條：

註十一　『夫男』與上述『男夫』不同。蓋『男夫』猶男子也，係指一人；『夫男』指夫及子，係指二人。(清律共犯分首從條輯註。)

其婦人犯罪，應決杖者，姦罪去衣受刑，餘罪單衣決罰。清律於『去衣』文下，加注『留褌』二字。

此項去衣受刑之惟一理由，厥在使姦婦知廉恥。卽福惠全書（卷十九和姦篇）所謂：『姦婦去衣受刑，以其不知恥而恥之也；娼婦留衣受刑，以其無恥而不屑知之也。』

（E）孕婦產後行刑

商之季世，孕婦曾受特別酷刑。如馬端臨文獻通考刑考所載：『紂無道，焚炙忠良，刳剔孕婦』是也。漢景帝時，對於孕婦，曾施寬待之辦法。其四年有詔曰：

> 長老人所尊敬也；鰥寡人所哀憐也；其著令年八十以上，八歲以下，孕者未乳（未產也）師侏儒，當容繫之。（杜氏通典刑典及馬氏通考刑考。）

降至後魏，對於孕婦之當刑者，則待至產後百日乃決。（杜氏通典刑典及馬氏文獻通考刑考。）唐宋律，對此規定較詳，凡孕婦犯死罪者，待產後百日行刑，（斷獄門婦人懷孕犯死罪條；）其犯罪應栲決（指犯罪應加杖笞者）者，亦待產後百日，然後栲決（栲決孕婦條。）元刑法志（恤刑門）亦採產後百日行刑之規定；惟對於孕婦之非犯死罪者臨產之月，可令其召保出獄，待產後二十日，再追入禁。明清律（斷獄門婦人犯罪條）對於孕婦之非犯死罪者，責令其夫或親屬保管，可不收禁；其餘之辦法，與唐宋元三代略同。

現行刑事訴訟條例（民國十年十一月頒布）關於孕婦之受死刑諭知者，於其生產前，由司法部命令停止執行；生產後亦須得司法部命令，方可執行，（第四九三條。）並無產後須經過一定期限之規定。至對孕婦之犯徒刑，或拘役者，限懷胎七月以上，及生產未滿一月者，停止執行。